中国营地教育完全手册

刘军 贾梅 著

中国出版集团
中国民主法制出版社

图书在版编目 (CIP) 数据

中国营地教育完全手册 / 刘军，贾梅著 . -- 北京 : 中国民主法制出版社 , 2018.4
ISBN 978-7-5162-1790-0

Ⅰ . ①中… Ⅱ . ①刘… ②贾… Ⅲ . ①青少年—课外活动—手册 Ⅳ . ① G632.428-62

中国版本图书馆 CIP 数据核字 (2018) 第 067540 号

图书出品人：刘海涛
出 版 统 筹：乔先彪
责 任 编 辑：姜　华

书名 / 中国营地教育完全手册
作者 / 刘　军　贾　梅　著

出版 · 发行 / 中国民主法制出版社
地址 / 北京市丰台区玉林里 7 号（100069）
电话 /（010）63055259（总编室）　63057714（发行部）
传真 /（010）63055259
http://www.npcpub.com
E-mail：mzfz@npcpub.com
经销 / 新华书店
开本 / 16 开　710 毫米 ×1000 毫米
印张 / 15.75　**字数 /** 224 千字
版本 / 2018 年 5 月第 1 版　2018 年 5 月第 1 次印刷
印刷 / 北京一步飞印刷有限公司

书号 / ISBN 978-7-5162-1790-0
定价 / 39.80 元

序

2017年第58届国际中学生奥林匹克数学竞赛上，中国队以5金1银的好成绩获得团体第二，仅以一枚金牌之差遗憾摘银。这则消息引发了广泛的社会关注，教育专家、老师、家长，甚至学子们都纷纷加入讨论，堪称“全民奥数”的中国在纵横该赛事二十余年后，何以近两年纷纷败北？众多声音之中，有一则尤为让我深思：该赛事中国队的历届金牌得主，他们之后的发展状况如何？在科学中有何建树？为社会做出了哪些贡献？

众所周知，中国奉行务实、扎实的基础知识教育体系。人杰地灵的大中华不乏天才，也不乏各类“伤仲永”的故事。21世纪的科技一日千里，在人工智能大爆发的时代，计算机取代了大量的基础运算。海量的信息，各种炫目的游戏，占据了孩子们绝大部分的课余时间。如何让孩子们从“低头e族”成长为真正具有创造力的人才，是家长和教育从业者们最为关心的问题。

清代钱泳在《履园丛话》中提到“读万卷书，行万里路，二者不可偏废”，我深以为然。反思当前中国的教育，我们过多关注书本理论知识的学习，而忽视学习过程中同样重要的直接体验与实践。户外教育的普遍缺失使得我们的孩子面对大自然的时候手足无措，脆弱得令人担忧。

营地教育是指在自然环境中以团队生活为实现方式，通过体验式学习，让参与者探索自我，发现世界，并学以致用的一种教育实践。众多西方国家早在100多年前就开始提倡营地教育。多年实践经验证明，营地教育在提升学生创新能力、社会责任感、科学技术普及、文体才能培养、劳动技能锻炼、习惯养成等方面发挥着重要作用。

营地教育在中国虽然起步晚，但起点高。信息时代使得我们一开始就可以聚合全球资源，来一起做这件有着重大意义并关乎未来教育的事情。国家已经意识到了营地教育的重要性，并把研学旅行提升到了国家战略高度。在2016年底，教育部联合11大部委颁发《关于推进中小学生研学旅行的意见》，规定从小学四年级到六年级，初中一年级到二年级，以及高中一年级到二年级，每学年在校学生要接受2~6天的校外教育，而且这个时间还不能占用周末休息时间。

营地教育是行走中的课堂，是学校教育和家庭教育最重要的补充。三者成鼎足之势，稳定支撑孩子的成长，缺一不可。在孩子们的人生观、价值观的形成阶段，让他们用自己的眼睛去看世界，用心去感受世界，把课堂中学到的知识通过户外实践去印证，在团体分工协作中锻炼沟通与领导力，学会倾听、理解与交流，了解妥协、选择、控制、展示与合作，培养独立逻辑思维能力，清晰个人发展方向和目标。

在世界范围内，营地教育备受重视。耶鲁大学校长查德·莱文曾说：不传授任何知识和技能，却能令人胜任任何学科和职业，这才是真正的教育。许多世界级一流学府在招生录取时，都分外看中学生的综合素养和能力。有过营地教育经验的申请者往往被认为更有活力和创造力，更能有效地与人沟通交流，并且在社团活动中更具影响力和领导力，因此而备受青睐。

虽然西方国家多年来累计了许多完善的课程体系和教材，然而科技的突飞猛进对21世纪的户外教育发展提出了新的需求。户外装备、着装的不断更新迭代，使得各类户外活动的开展更为便捷，但几乎所有可见的教材都还停留在单纯技巧层面的传授上，没有涉及装备与着装的选择和使用。

因此，基于本人多年的户外经验及对户外装备、着装的深刻了解，此书将从衣、食、住、行四个方面入手，将户外装备、着装的分析与使用技巧相结合，通过漫画图形的方式，将营地教育需要涉及的知识点，深入浅出地带给孩子们，让他们轻松理解、掌握，直至运用。同时，书籍还将讲授结绳的技巧、通讯及信号、气象观测、地图的使用、风险评估及安全自救的方法，希望从多个维度帮助孩子们真正了解并掌握相关的户外知识，成为一本孩子们真正也能看懂的营地教育教材。

玩是孩子们的天性，通过营地教育，让孩子们在大自然中快乐玩耍的同时，还可以深刻地体验学习，逐渐内化品德与价值观，掌握独立思维的能力。让我们一同为这个目标努力！把玩耍的快乐还给孩子们，积极探索，将营地教育纳入我们的教育体系！

刘军 贾梅

2018 年 1 月 18 日

目　录

第一章　衣

第二章　食

第三章　住

第八章　地图与导航

第九章　风险评估与应急处理

第一章　衣

小伙伴们，在开展营地教育活动前，学习如何正确着装十分重要！

➡ 人体失温是户外活动中最常见的危险

失温与冻伤，人可能会出现身体发抖、意识茫然、思维迟钝、说话困难、情绪沮丧、开始健忘、动作协调性丧失等症状，严重时会引发肌肉僵硬、昏迷、肺水肿、心脏及呼吸衰竭，在此情况下，如不能得到及时救助医治，将会危及生命。

➡ 环境温度不等同于人的体感温度

我们需要了解，这是两个完全不同的概念。人的体感温度会受到空气湿度、风速大小、太阳辐射等诸多因素的影响，因此大多数情况下，环境温度和体感温度是不一样的。

在寒冷且衣物不足的情况下，虽说我们能通过就地生火取暖、选择身处避风的阳面、摄入高热量食物、在衣服内塞树叶等方式来抵御寒冷，但这些方法只能暂时提高体感温度，并且往往由于环境的限制，能采取的措施非常有限。所以我们只有携带充足的服装并且正确穿着，才能有效防止此类事件的发生。

如果伙伴们在等待救援，在携带充足的服装并且正确穿着的情况下，大家就能维持正常体温，大大提高生存时间，使得救援工作能正常有效地开展。

下面我们就一起来了解户外的服装及其功能，并学习如何正确的穿着。

户外着装的黄金法则：三层着装法

外层选择防风防雨的多功能性服装，中层选择轻便保暖透气的服装，内层选择排汗透气速干的服装。

➡ 外层（防风防水层）服装的面料、功能及设计特点

我们在户外活动中的外层服装，通常应该选择具有防风防雨性能的多功能户外服装——冲锋衣（裤）。真正能经得起环境考验的冲锋衣（裤）面料一般由三层复合而成：耐刮蹭的外层面料，高科技合成的膨体聚四氟乙烯[①]的中层面料，以及保护中层的内层面料。

1. 冲锋衣（裤）应具备以下特点。

（1）防水：有效阻挡雨水和霜雪的入侵，避免因水寒效应引起的身体失温。

水寒效应是指在淋湿、落水或大量流汗的情况下，衣服变得潮湿，水不但会把衣服中的暖空气排挤出去使其失去保温作用，同时由于水的“比热”[②]较大，因此会在短时间内从身体上吸收很多热量，并借由蒸发带走更多的热量，人就会感到寒冷。在同样的环境温度下，受水寒效应影响的人体感温度会远远低于未受影响者。

（2）透气：我们在进行户外活动时通常会大量排汗，透气性好的面料能保证汗液以水汽的方式轻松排出，从而避免水寒效应的发生。

（3）防风：有效阻挡风带走人和衣服之间薄层空气中的热量，避免因风寒效应引起的身体失温。

风寒效应是指强风会引起空气的快速流动，使得人体周围薄薄的空气保温层不断地被新来的冷空气所代替，人体热量被带走。风速越大，热量散失的速度越快，人会越来越感到寒冷。例如在五级风的情况下，风速可达 10 米 / 秒，这时如果着装不防风，在不考虑空气湿度及其他因素的情况下，因风寒效应的影响，人的体感温度也会低于环境温度 10℃ 左右。

---

① 膨体聚四氟乙烯 (expanded PTFE) 是一种高分子材料，由聚四氟乙烯树脂经拉伸等特殊加工方法制成。使用膨体聚四氟乙烯可以加工成各种不同透水性或透气性等级的织物，具有轻薄、耐用、防水、防风等特点，既舒适又具有保护功能。

② 比热是热量学名词，用来描述 1 克物质升高 1 摄氏度所需要的热量。

2. 冲锋衣（裤）的设计理念。

（1）冲锋衣的设计特点：所有材料都需在低温下有良好表现，不易损坏。

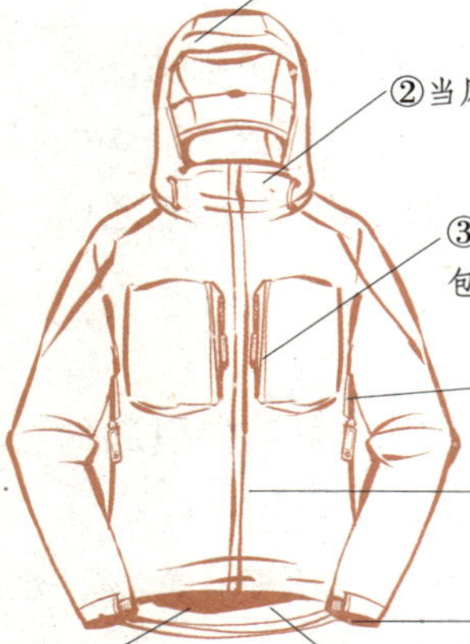

图1–1

生活指数：★★★★★

生存指数：★★★★★

个人指数：★★★★★

（2）冲锋裤的设计特点：所有材料都需在低温下有良好表现，不易损坏。

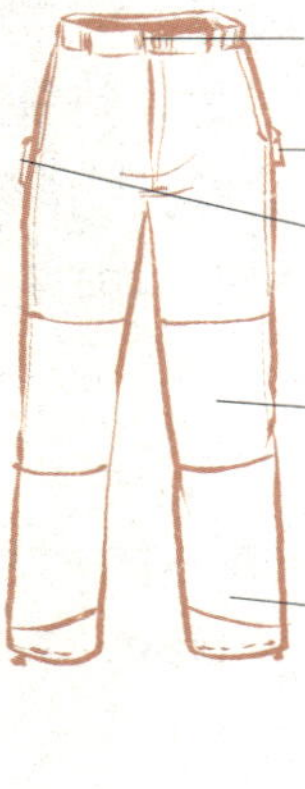

图1–2

生活指数：★★★★★
生存指数：★★★★★
个人指数：★★★★★

➡ 中层（保暖层）服装的面料、功能及设计特点

随着近代纺织业的发展和科学技术的不断进步，大量化纤产品得以在服装领域使用。传统棉、毛面料制成的冬装，穿少了会挨冻，穿多了会笨重，不利于户外活动的展开，而化纤面料的成衣质量轻、保暖性佳，能很好地解决冬季户外着装的问题。

聚酯纤维[①]是现在使用最广泛的化纤服装面料，它是将超细的化学纤维制成毛纱，再织成织物。使用聚酯纤维制成的抓绒类服装，是户外活动时理想的中层保暖着装。抓绒衣（裤）通常具有以下特点：

1. 摸上去非常温暖柔软，轻，易压缩。

2. 能通过毛细作用[②]吸走潮气，即便湿透了也很容易干。

羽绒是迄今为止最好用的天然保暖材料，根据来源可分为鹅绒和鸭绒。羽绒中的“羽”起到支撑作用，“绒”起到保暖作用。在户外活动环境温度较低时，羽绒服装常被用于中层着装，它们通常有以下特点：

1. 分类：白鹅绒、灰鹅绒、白鸭绒、灰鸭绒。

2. 含绒量：一般以“绒”在羽绒中所占的百分比来表示；户外羽绒服装的含绒量一般在 80% 以上。

3. 蓬松度：指在一定条件下每盎司（30 克）羽绒所占体积的立方英寸数值。在户外活动中，我们推荐蓬松度在 750 克以上的羽绒制品。

4. 用于户外活动的羽绒服装的面料需要选择防风透气的，以避免风寒效应及水寒效应，否则在严酷的自然环境下往往会带来致命性危险。

---

① 聚酯纤维(polyester fibre)简称PET纤维，俗称为涤纶，是现代合成纤维的第一大品种。其最大的优点是坚牢耐用，抗皱性和保形性良好，具有较高的强度与弹性恢复能力。

② 毛细作用是指通过毛细管使得浸润液体在毛细管里升高和不浸润液体在毛细管里降低。这种物理现象在日常生活中很常见，比如毛巾吸汗、纸巾吸水等。

5. 羽绒服装的面料和工艺应具有良好的防钻（漏）绒性能，以防止羽绒的流失，同时也避免了羽绒沾衣的尴尬。

6. 成衣轻薄柔软，穿着舒适，便于携带。

7. 用作中层保暖的羽绒服装需要合身，因此充绒量不会太多，通常一件羽绒衣的充绒量在 200 克左右。在极寒环境下，若将羽绒服作为外层着装，不仅需要更多的充绒量，对其面料也会有更高的防风、防水及耐磨的要求。

生活指数：★★★★★

生存指数：★★★★★

个人指数：★★★★★

➡ 内层（导汗层）服装的面料、功能及设计特点

在户外活动中，即使天气炎热，我们也不建议穿短袖，因为裸露的皮肤是不具备防护功能的。许多户外长袖服装加入了巧妙的设计，使得长袖在有需要时挽起即可变成短袖。

在天气寒冷的时候，如果身体产生的汗不能及时排出，大量聚集在皮肤表面和衣服上时，如贴身的内层服装排汗透气性不佳，很容易导致失温，所以我们选择的内层服装应具备以下特点：

1. 柔软舒适。

2. 吸湿排汗：面料具有拒水功能（避免将水分子吸附在内部导致不易蒸发），通过纤维毛细管产生虹吸效应①，能迅速将汗水从皮肤表层吸附到内衣外层。

3. 贴身：具有高度的弹性及延展性；宽大的内层着装将妨碍面料吸湿排汗功能的发挥。

4. 抗菌除臭：由于快速吸附汗水并导出到面料表层，所以能阻止异味微生物的生长，达到抗菌除臭的效果。

生活指数：★★★★★

生存指数：★★★★★

个人指数：★★★★★

---

① 虹吸效应也被称为热循环运动，当温差越大时，水在两者之间的循环流动的速度也越快。

小结：户外经典的“三层着装法”简单来说，就是在选择每一层着装时，注意满足该层着装所要求的功能性特点。当我们开展户外活动时，可能遇到各种天气状况，只要随身携带好三层着装，灵活运用，即可保持身体干燥，体温平衡，保障活动的安全，让我们更好地享受旅途的快乐。

开展营地教育也属于户外活动的范畴，因此采用“三层着装法”是最为安全的做法。事实上此着装法在日常生活中也具有很强的借鉴意义，特别是在有紧急突发事件发生的状况下，正确的着装能更好地保障我们的安全。

登山鞋的功能及特点

很多小伙伴喜欢穿军靴和运动鞋从事各种户外运动，因为看上去又酷又时尚；然而事实上军靴和运动鞋都不太适合户外活动的开展，因此也不太适合需要登山等情境下的营地教育活动的开展。

从 20 世纪起，欧洲就开始流行专门为爬山和旅行设计制造专业的登山鞋，其功能性是一般运动鞋无法比拟的。

1. 登山鞋的分类。

（1）轻型登山鞋：主要为短途跋涉者设计。所遇地形不复杂，一般不在营地过夜。此类鞋比较柔软，透气性好，穿着舒适，鞋帮较低。

图1–3

（2）重型登山鞋：为中、长途跋涉者设计。由于会携带露营装备，有一定的负重，所以鞋底中层较有弹性，能缓解背包重量给脚部的冲击；所遇地形较为复杂，因此鞋底具有良好的硬度及耐磨性；鞋帮一般较高，可以有效保护双脚及踝关节。

图1–4

（3）重型攀登鞋：一般是高帮甚至是长靴，自重较大并且柔软性差，鞋底坚硬且能兼容快扣式冰爪[①]，这是为了适合高海拔地区的冰、雪、岩石混合的复杂地形。

图1–5

2. 登山鞋的功能。

（1）防水性：据专业测试，在冬季一双湿脚的散热时间约是干脚的23倍，所以湿脚极易冻伤，且行走十分不便。因此，登山鞋需要具备防水性，这点十分重要！

（2）透气性：若是鞋子不透气，脚会被汗水打湿变成湿脚；且经过一天的行走，汗水不能及时排出会产生难闻的气味，给同行者带来不适。

（3）防滑性：登山鞋的鞋底很有特色，设计师们研究出不同的鞋底花

① 冰爪是冬季登山或者高海拔登山必备的器械，用来帮助攀登者在很滑的冰面或者雪地上站稳脚跟。

纹，这有助于增大鞋的防滑性能。

（4）耐用性：在户外恶劣环境下使用登山鞋，耐用性是一个必备指标。除了选择优质的材料外，登山鞋应尽可能少用明线，这将使得鞋子的耐磨性得到显著提高。

（5）保护性：在正确的使用情况下，登山鞋能对脚踝、脚板、脚趾提供充分的保护。

3. 选购登山鞋的注意事项。

（1）选购登山鞋时需同时配备登山袜，千万不要穿没有排汗功能的袜子去爬山，否则浪费了登山鞋的高端配置，得不偿失。选择登山袜时建议薄、厚搭配购置。

（2）穿厚的袜子去试鞋，选择合适的大小。

（3）人的脚不会完全一样大，在选购登山鞋的时候，尽量考虑大一点脚的感受。

（4）尽量在下午或晚上选购，因为这时脚会略微膨胀，就像徒步时的状态。

（5）在不系鞋带的情况下，把脚向脚尖方向靠，脚跟和鞋跟应该有一指半到两指的空隙，所以正确选购登山鞋时鞋码通常比我们平时的鞋码要大一码。

（6）将脚跟靠近鞋跟，系紧鞋带，脚踝、脚掌等各部位都应得到合理的支撑，任何地方都不能有太空或太紧的感觉。这时，在鞋的内部，脚尖距鞋尖1—2厘米，这时即使站在陡坡上，脚趾也不会有任何压迫，当然，请记得剪脚指甲。

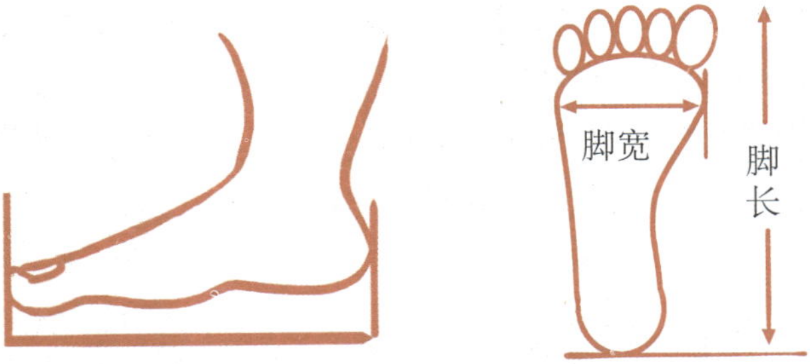

图1-6

生活指数：★★★★★

生存指数：★★★★★

个人指数：★★★★★

➡ 头巾的使用

在开展户外活动和营地教育活动时，由于帽檐会阻挡视线，因此并不太适合戴帽子。若是用帽子来防晒，也不太管用，因为地面会反射阳光，帽子并不能有效地全方位阻挡紫外线。当阳光强烈时，我们需要涂抹防晒霜以防晒伤。风大的时候，帽子还很容易被吹走，给我们带来不必要的麻烦。

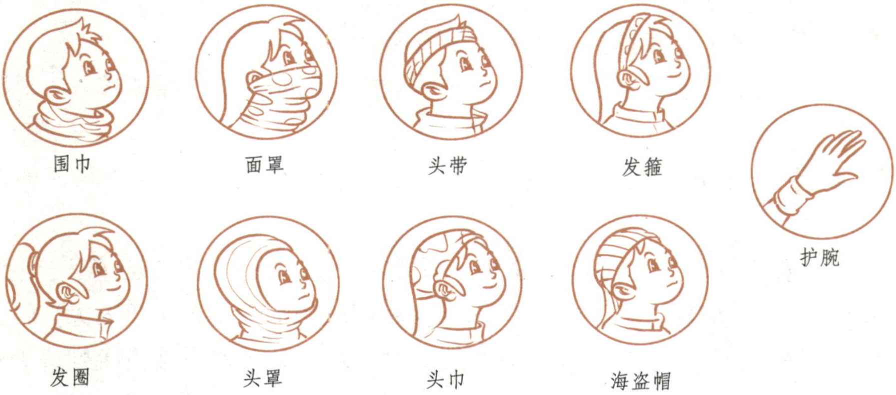

图1–7

因此我们推荐使用多功能头巾，它弹性好，具备透气、吸汗、快干、防晒和方便携带的功能，是头部防护装备的首选。

头巾最常用的是头带功能，在天气炎热或体力消耗较大时，额头流出的汗会被头带吸走，这样汗水就不会流入眼睛，避免了眼睛不能正常睁开却要保持行进的危险状况。多功能头巾还有很多用法，小伙伴们可以一一去尝试。比如，下面就是一种非常实用的组合用法：

用于急救吊带的多功能头巾

图1–8

生活指数：★★★★

生存指数：★★

个人指数：★★★

➡ 手套的使用

无论是哪种类型的户外活动，要完成其中的各种动作，灵活而稳健的手上操作非常重要，这就需要我们注意保护手部安全，常备一双户外手套就能解决问题了。户外手套为了适应户外活动的特性，应该在腕部设计扣件和挂绳，即可方便手套的脱、戴，也能降低手套遗失的概率。

1. 夏季手套。

如果连续几天跋涉，仅仅是手掌和腕部与登山杖手柄和腕带处的摩擦带来的疼痛，就会让人难以忍受。如若不使用登山杖，在某些复杂地形徒步时有危险，会增加活动的不安全因素。这时一双透气又结实的户外薄手套是非常实用的，戴上能避免登山杖摩擦带来的疼痛，同时也能减少荆棘、岩石等对手部的伤害。注意！手套的掌部应衬有防滑耐磨材料，以增加摩擦力和附着力。

2. 冬季手套。

天气寒冷时所使用的手套除了具备夏季手套的功能外，还需具备防风、防水、透气、保暖的功能。

生活指数：★★

生存指数：★★★★

个人指数：★★★

➡ 护膝的使用

膝关节在运动中是极为重要的部位，同时是比较脆弱且容易受伤的部位，并且还是受伤后不易恢复的部位，因此我们需要特别重视对膝关节的保护。在负重行进时，膝盖受到的冲击比平时要大许多；而在负重下坡的过程中，冲击力会比平时大好几倍，这样就可能发生髌骨移位的情况，造成膝关节的损伤。只有正确地使用护膝，帮助髌骨固定在相对稳定的位置上，加上正确地使用登山杖，这样才能把对膝关节的磨损降到最低。

生活指数：★★★★★

生存指数：★

个人指数：★★★

➡ 户外服装的清洗及养护

1. 冲锋衣（裤）。

（1）建议使用滚筒式洗衣机，并使用厂家所提供的清洁剂。如若选择自己的清洁剂，请注意选用温和的中性洗衣液，这样才能避免清洁力过强的洗涤剂破坏压胶和防水面料。

（2）不要甩干，而是将服装晾在衣架上阴干。

（3）每洗涤三次后，应及时使用可透气性防泼水剂重新喷涂冲锋衣（裤）外层面料。这样下雨的时候能有效预防服装表层被雨水后打湿变重，也能有效防止雨水渗入压胶不牢固的区域。

（4）尽量采取局部清洗，避免对外层面料防泼水剂的损伤。

（5）不用时挂在衣柜，避免长时间在阳光下暴晒。

2. 登山鞋。

（1）使用后清理鞋底泥土石块，再将鞋面用清水和细毛刷进行简单清洁。

（2）使用专用鞋类清洁剂深度清洁，不可使用含有漂白成分的清洁剂。

（3）请于通风处阴干。

（4）可在鞋内塞满报纸或卫生纸保持鞋型。

（5）在有需要的时候重新喷涂透气性防泼水剂。

➡ 配置户外服装时需要注意的事项

1. 必须购置正品服装，请不要受不良厂商的欺骗。户外服装非常强调其功能性，劣质产品徒有其型，不具备真正的功能，往往会导致不安全事故的发生。

2. 如果孩子们参加户外活动和营地教育活动，前期可以根据需要，督促和帮助孩子准备活动所需的衣物。但随着活动经验的增加，请试着放手让孩子们自己配备，在保证安全的前提下，允许他们自己为可能产生的失误承担后果。这样能尽快地帮助孩子们成长起来，让他们掌握户外服装及装备的相关知识，并提高自身的能力。

3. 青少年在发育期间，身体尺寸变化很快，因此购置服装时不需要购买太过昂贵的产品，以免造成浪费。

4. 近年来，国家积极倡导发展青少年户外教育，国内已有不少厂商开始生产适合我国青少年的户外服装及产品，相比起国外品牌，品质相差无几，但价格却要便宜许多，是不错的选择。

5. 适合青少年的营地教育课程应当是循序渐进的，前期课程会在常规环境下开展，因此家中现有的运动类服装也能派上用场。随着孩子的生长发育需要另行购置服装时，可尽量选择户外类服装，并且可适当买大一码。

6. 分享一个有意思的经验，不少参与过营地教育活动孩子的家长反馈，虽然当时给孩子买服装和装备时有些心疼花费，但后来发现孩子们平时也很喜欢穿，由于很耐用的缘故，平均下来居然还省钱了！

第二章　食

在开展营地教育活动时，健康美味的饮食对保证我们的体能补给十分重要！

由于小伙伴们的身体素质存在个体差异，所以关于人体必需的六大营养素：蛋白质、碳水化合物、脂肪、维生素、矿物质及水在营养学上的搭配问题，我们不做复杂讨论。这里我们只简单谈谈如何获取水、净化水及在户外环境下怎样搭设炉灶、生火及料理美味的食物。

➡ 寻找水源

1. 根据地形寻找水源。

水往低处流，因此要向低处（如山谷）去寻找水源。

2. 利用地层寻找水源。

在岩壁的裂缝处或外露处寻找水的踪迹，岩壁交界处可能会有水渗出来。

3. 利用植物寻找水源。

潮湿的地方常会有稀有植物生长，可以帮助我们找到水源。

4. 利用动物寻找水源。

有些动物喜好栖水生活，寻着它们的踪迹，也有助于我们找到水源。

➡ 收集水的方法

1. 收集河流、湖泊的水。

取水时，记得不要将脚踩入，以免弄脏水源。

2. 收集泉水。

泉水清澈，冬暖夏凉，是十分理想的水源。

3. 收集露水。

（1）收集灌木丛上的露水。

图2–1

（2）收集大叶子上的露水。

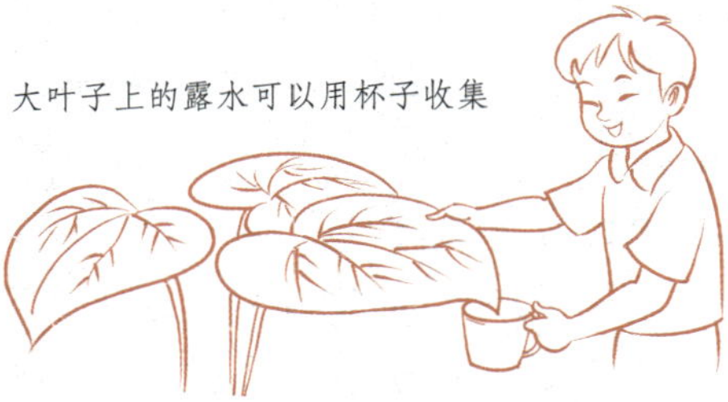

图2-2

4. 收集雨水。

（1）沙地上收集雨水。

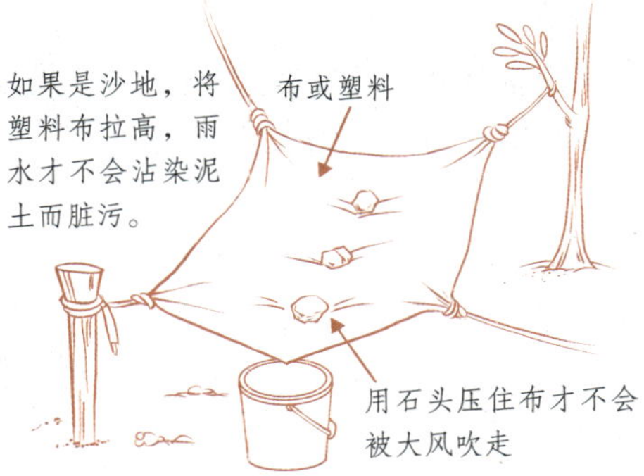

图2-3

（2）草地上收集雨水。

图2-4

5. 日光蒸馏收集法。

太阳的照射使坑里潮湿的土壤和空气的温度升高，通过蒸发产生水汽，水汽逐渐饱和，与塑料膜接触遇冷凝结成水珠。此法特别适用于沙漠地区，一天之内能收集大约一升水。

（1）在地面挖掘一个长约 90 厘米、深 45 厘米的坑。

（2）在坑底部中央放一个容器，在坑上放一块干净的塑料薄膜。

（3）用石头或沙土将薄膜的四周固定在坑沿，并在塑料膜的中央部位放一石块，这是为了确保塑料薄膜呈弧形，以便冷凝后的蒸馏水滴能顺利滑至中央底部，并落入收集器中。

（4）可将一根吸水的管子从地面接入收集器中，这样不但方便取水，也避免了破坏坑部周围和污染水。

（5）此法也可将海水和不清洁的水变成蒸馏水，所不同的是，可将需要蒸馏的水浇在坑中，从而大大提高蒸馏水的产量。

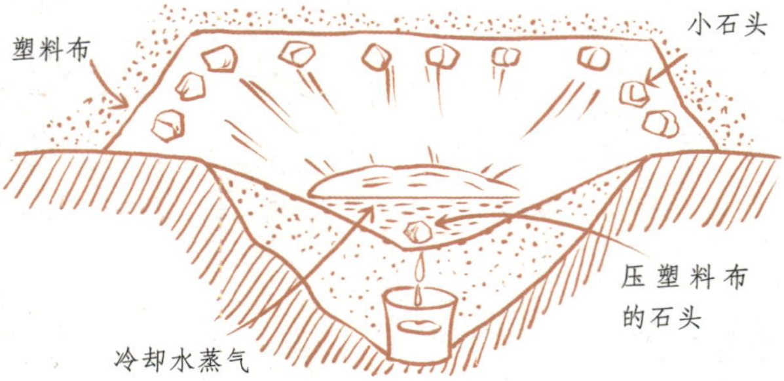

切面图

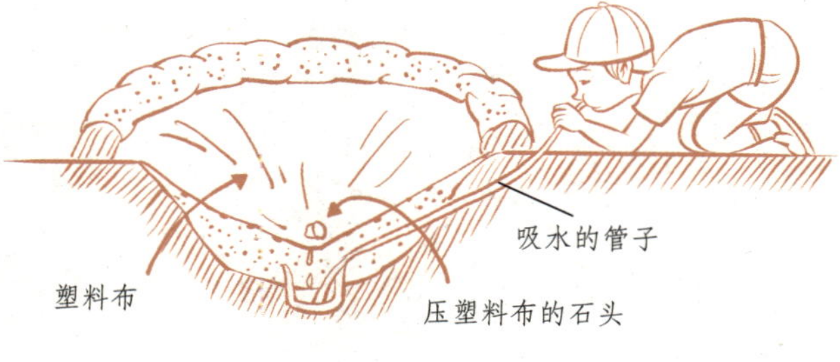

图2–5

6. 植物取水法。

（1）竹类等中空植物节间常存有水。

用硬物一节一节地敲击竹节，仔细辨听发出的声音，声音比较实的很可能有水，声音比较空的没有水。在声音比较实的这一节下方钻孔，就可能取到水。

（2）利用叶面蒸腾作用[①]收集凝结水。

找一束树叶茂盛的树枝，用塑料袋套好并将袋口扎紧，注意盛水的部分要低于扎口的高度。通过蒸腾作用，植物散发的水蒸气会在塑料袋上凝结成小水珠，这样就可以取到水啦。

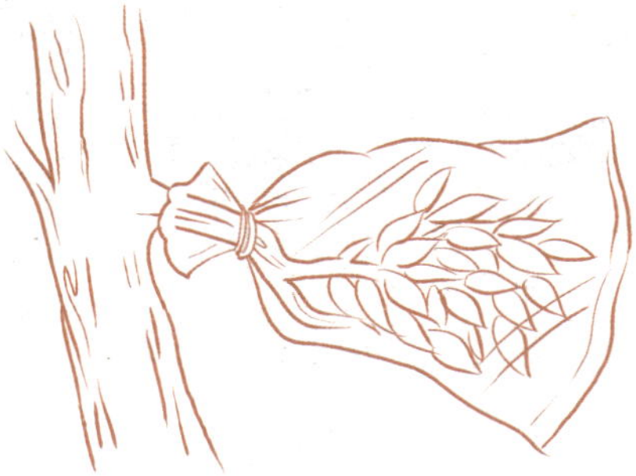

图2–6

7. 出行前随身携带水。

（1）每人每天至少要消耗两到三升水，请根据自己的行程计算并携带。

（2）携带水的容器要密封可靠、结实耐用、符合包装饮用水的标准。

8. 向小伙伴们借水。

在借水前后，要记得向人打招呼致意哟。

➡ 造水的方法

1. 用雪造水。

温度极低的雪应避免使用，尽量使用飘雪时的雪花。也可用踩硬之后的

① 蒸腾作用是水分子从活的植物体表面（主要是叶子），以水蒸气的状态散失到大气中的过程。

雪造水而不用松散的雪，因为松散的雪中含有空气，在造水过程中易阻碍热气的传送。

（1）利用太阳能溶解。

找一处平整的地铺上报纸，在报纸上铺好易吸热的黑色塑料布以防热气散失。因为白色的雪易将热气反射，所以可以在雪中丢些小石头或沙子来帮助吸热。

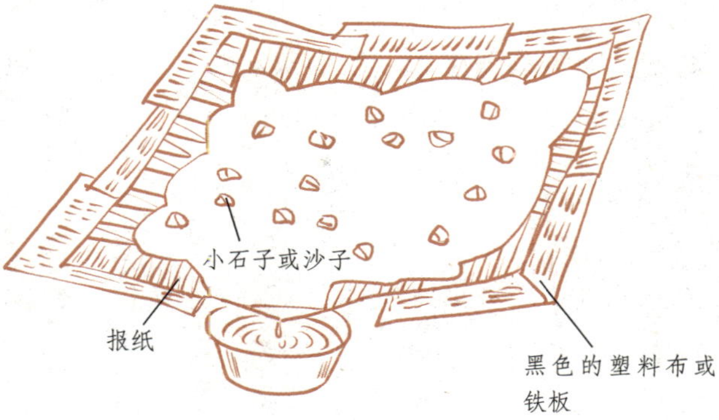

图2–7

（2）用炉子加热。

将雪放入炉中加热时一定要记得盖上盖子，这样水蒸气才不会散失。

请注意：雪块虽然可以直接吃，但雪会吸收体热，会导致体内热能降低。

2. 用冰造水。

冰与雪一样，可以利用太阳能或炉子加热法将冰溶解成水，需要注意的是，溶解冰时，应尽量先将冰块敲碎并扩大面积，这样溶解的速度会比较快。

3. 将海水变成饮用水。

海水煮沸后会蒸发成纯净的水蒸气，将水蒸气冷却就可变成饮用水啦。

（1）利用手边的锅或其他容器做成蒸馏设备（请参见图 2–8）。

（2）上层的海水是作为冷却水蒸气之用的，因此要经常更换，保持冷度。

（3）支撑杯子的台面，可用空罐头做成中空的形状代替。

（4）遇冷的水蒸气会凝结在上层锅底，变成水滴落入下方的杯中。

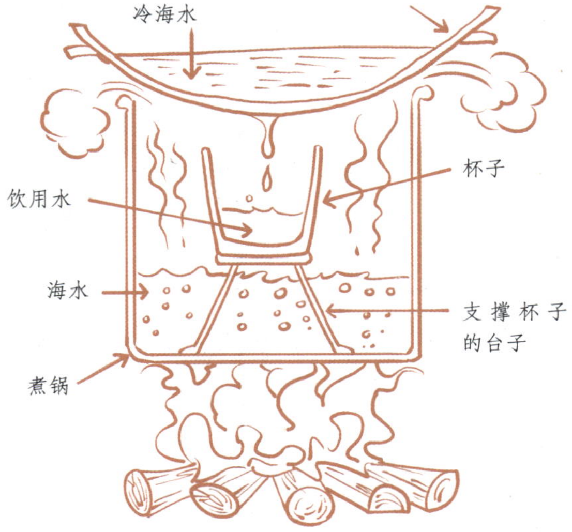

图2–8

温馨提示　在沙滩上，使用日光蒸馏收集法来收集蒸馏水也同样适用。

4. 利用水分子收集器[①]，但这属于高科技产品，目前市场上还没有普及。

➡ 水的净化

由于近年来污染严重，所以我们在寻找水源时还是需要小心观察，如果河边长有植物，河中有动物生存，水源就没有问题。但出于健康及安全的考虑，采集水之后，我们还需要做一些净化处理。

1. 挖洞法。

（1）如果河流或水池的水污浊不清，可在岸边用手挖个洞穴。

（2）洞穴可挖得比水位稍深，使水慢慢渗透至洞中，达到与河面相同的水位。

① 水分子收集器是指通过高科技设备使得空气中的水汽冷凝成水滴，然后收集到容器中。目前国际领先的水分子收集器能在空气湿度 20%–30% 的情况下，在 12 小时内收集约 2.8 升清水。

（3）刚开始渗入的水较混浊，过一阵子就会变得干净，即可饮用。

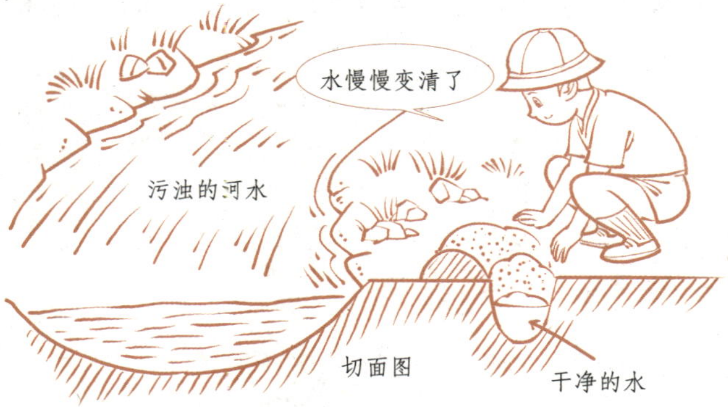

图2–9

2. 沉淀法。

（1）静置沉淀。

将水放入较深的容器中，混浊的大颗粒会先沉淀，小颗粒沉淀则需较长时间，然后将清水移入另一个容器中。

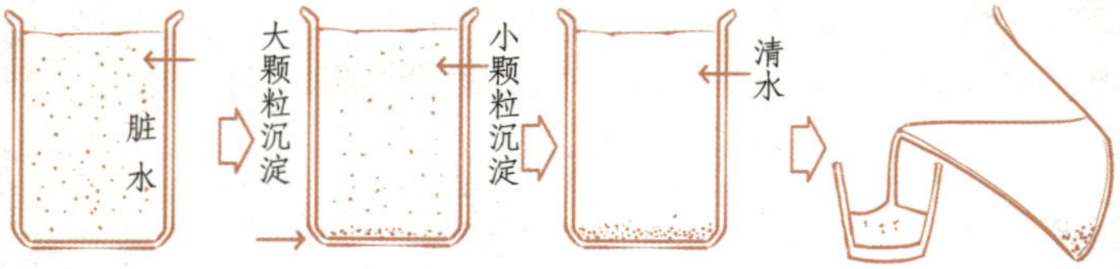

图2–10

（2）快速沉淀法。

将一米粒大小的白明矾粉末溶于一杯水中，之后混入二升污水，可使污水快速沉淀。

温馨提示 在以上的方法中，极细的颗粒需较长的时间才能沉淀。另外，喝微脏的水并不会造成毒害，如条件不允许使得只能饮用微脏的水，可以冲泡牛奶或咖啡再饮用，会感觉舒服许多。

3. 过滤法。

（1）简单的滤水装置。

图2–11

温馨提示 图 2–11中④可以用以下物品代替：卫生纸、脱脂棉、叶片、干净的砂石。

（2）实用性与安全性高的过滤器。

木炭具有吸收微细粒子以及臭气的效用，极适合过滤时使用。

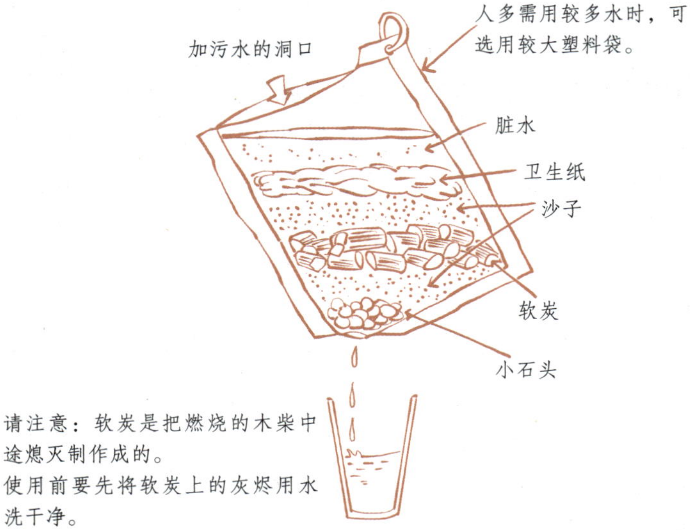

图2–12

4. 使用净水器。

户外专用的袖珍型净水器，方便携带、操作简单、使用寿命长。它可轻松滤除细菌、原生物、包囊、藻类、孢子及沉淀物，极适合团队使用，也是很多户外探险家的必备装备，如个人成行，条件允许的情况下，建议携带。

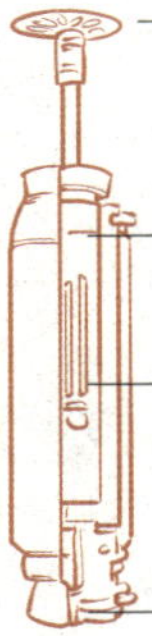

生活指数：★★★★★

生存指数：★★

团队指数：★★★★★

图2-13

➡ 如何观察水是否为有毒水

自然界具有自我净化的神奇能力。例如，河流上游排出的民用废水，经由水中各种生物吞食消化后，会化成无毒河水。一般情况下饮用澄清的河水应该不会有太大问题，但为了确保安全，我们还是需要学会观察判断。

1. 河边如果有生长植物或生活动物，河水就没有问题。

2. 借助地图等方法，观察河流上游有无排出有毒物质的矿山或工厂。

3. 若河水并非因大雨过后才出现混浊或异状，就要提高警觉。

➡ 水的消毒

如果水在净化处理后得到的不是蒸馏水，原则上还需要进行消毒处理，否则会有可能感染疾病。

1. 煮沸法。

若无法确认水中是否还有病菌，将水放入锅中煮沸 10 分钟左右，这样几乎可以消灭全部细菌。

2. 药物消毒法。

使用药物消毒的方法很多，最为常见的是将米粒大小的明矾溶解于杯中，再加入两升的水，将水静置一个晚上，就能几乎完全杀菌。也可在商店里购买净水药片，根据说明书的指示进行消毒。

➡ 储水的工具

1. 水囊。

水囊的储水量一般不会超过三升，专业户外背包的水囊仓通常都设计在负重时最佳的水配重位置上，在这个位置背包者感觉最轻。水囊的出水管通常可以扣在前胸的背包肩带上，这样背包者单手就可以操作补水，并能频繁补水，十分方便。注意：当放置在水囊仓里时，水囊的灌水口是向下的。

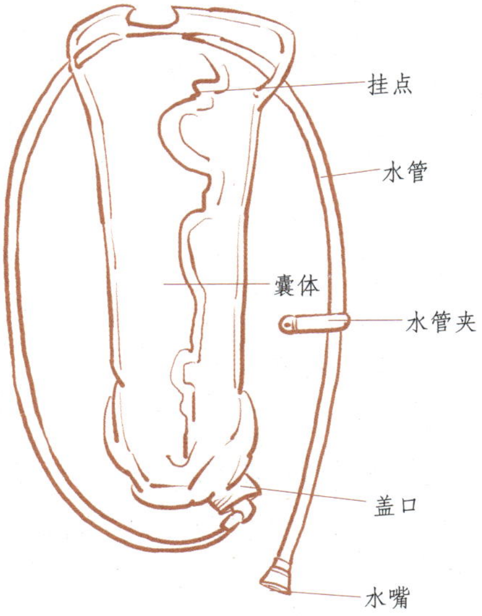

图2–14

（1）挂点：借助辅绳将水囊挂在背包的水囊仓处，帮助其固定。也可将水囊挂于树枝等处，当作淋浴器或水袋使用。

（2）水管：是水囊将饮用水输出的管道。

（3）囊体：装饮用水的容器。

（4）水管夹：方便将水管固定在背包肩带上。

（5）盖口：灌装饮用水的入口。

（6）水嘴：咬开后水自行流入口中。

温馨提示 一些品牌的水囊是不能灌装沸水的，否则会烫坏。另外，虽然清洗水管很麻烦，但请记得定期清洗。

生活指数：★★★★★

生存指数：★★

个人指数：★★

2. 水杯。

当团队里分配热茶、热饮时，使用一个200毫升—300毫升大小的水杯会很惬意。户外水杯一般使用不锈钢或钛材质制作，有单层的，也有双层的。

生活指数：★★★★★

生存指数：★★

个人指数：★★

图2–15

3. 水瓶。

水瓶的种类比较多，一般储水量在一升左右。从材质上分，有树脂、铝、钛和不锈钢的。从用途上分，有保温和非保温的。使用水瓶时请注意，一些水瓶是不能装沸水的。

生活指数：★★★

生存指数：★★

个人指数：★★

4. 储水袋。

储水袋和水囊的样子比较像，但不配备吸管。储水袋的储水量更大，大号的可达到十升，适合较长时间无补给水的路线或团队出行使用。

生活指数：★★

生存指数：★★

个人指数：★★

5. 水盆。

户外使用的水盆通常是软质的，一般为十升左右的存水量，打开时约为普通脸盆大小，除了存水，还可用来洗菜和洗碗。当水盆收起来的时候，只有一个巴掌大小，非常方便携带。

温馨提示 由于收纳体积小，质量轻，建议卫生习惯良好的小伙伴们多带一个，用来洗脚。

生活指数：★★★★★

生存指数：★

个人指数：★★★

图2-16

巧妙搭设炉灶篇

没有炉灶就不能烹调食物，如何以最少的燃料在最短的时间内做出最好吃的饭，是我们要学习的技巧。下面我们就一起来了解下如何在不同的环境中搭设炉灶。切记：用完炉灶后请以土掩埋并恢复原状！

➡ 选择场所

1. 避免选择下风处有易燃物的场所。

起风时，炉灶的火苗或灰烬很容易随风飘散，因此选择无易燃物的空地作炉灶的下风处是较为安全的做法。

2. 选择溪涧等近水处搭炉灶比较方便。

如果能选择在小河或溪水旁搭设炉灶，无论是清洗食物或做善后的处理工作，都会相当的方便。

3. 去除地上的杂草和落叶，消灭火灾隐患。

搭设炉灶前，应预先清除四周的杂草和落叶等，以免火苗掉落，造成危险。

4. 炉灶旁有大树树枝时，应先去除。

由于火焰是向上飘的，如果炉灶旁有大树时，容易使树枝着火，引发火灾，因此最好避免在大树下搭炉灶。

➡ 大石头堆成的炉灶

1. 灶口正对迎风方向，是为下风处，这样木材不易燃烧，也会引起大量熏烟，应当避免。

2. 决定炉灶搭设地点后，向下挖 20 —30 厘米深的坑洞。

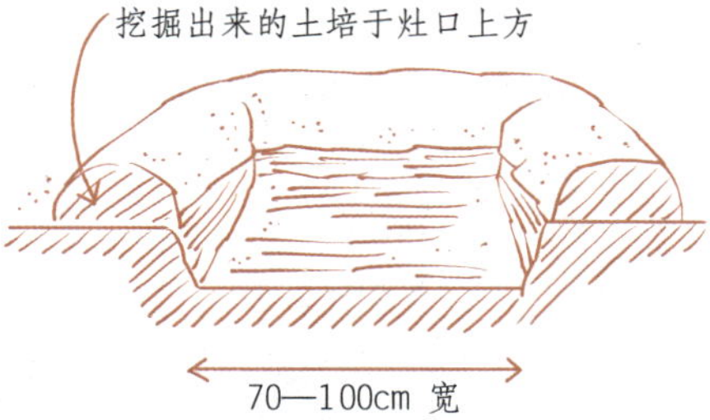

图2-17

3. 排列数个大石头于炉灶内，这样有助于通风，干燥的石头也会帮助火苗燃烧。

4. 除了灶口外，其他三边都要以石头堆成适当等高的灶壁。

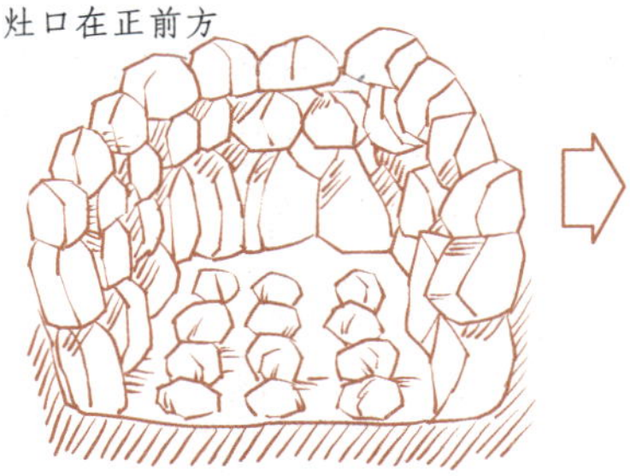

图2-18

➡ 土洞挖成的炉灶

1. 壕沟型。

适合人数较多时使用的炉灶，根据人数的多少，决定壕沟的长度。

图2-19

2. 利用土地的坡度搭设炉灶。

此法较为省事，人数众多时，可加大炉灶的长度。

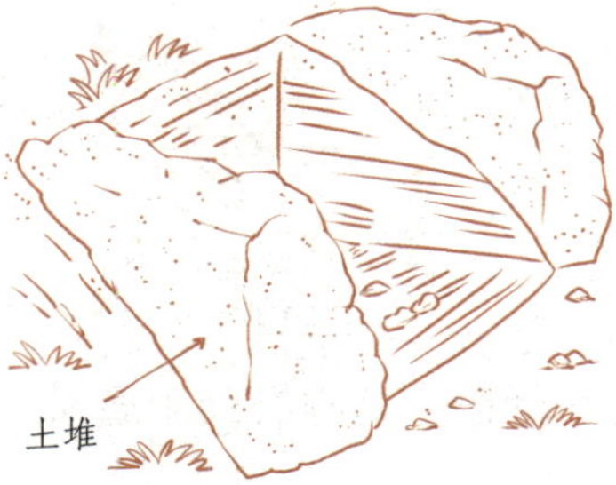

图2-20

3. 地炉型。

挖掘直径约 120 厘米，深约 20 厘米的洞穴，挖出的土在洞的四周堆起。

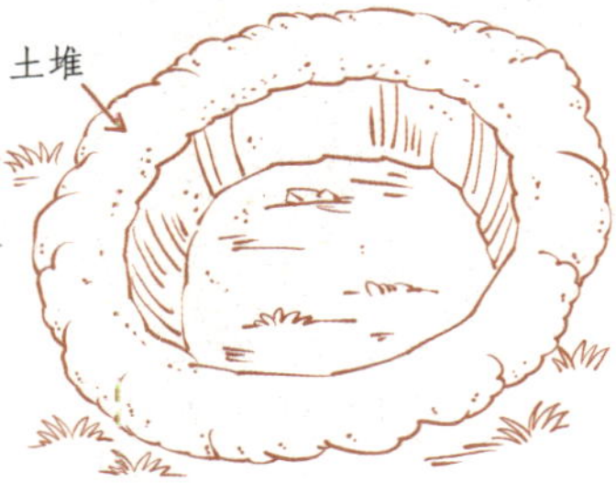

图2-21

4. 竖坑型深洞。

挖掘大约 60 厘米的深坑，将挖出的土堆在洞的四周。

图2-22

➡ 能快速生火的炉灶

1. 关于炉灶的基本常识。

（1）利用热反射，在火堆旁搭设石壁，石壁会将热气反射回去，达到聚热功效。

图2-23

（2）利用热辐射，当石壁最开始吸收热气时，会马上将热气辐射出去，这是最具热辐射效果的阶段。

图2-24

（3）利用烟囱效果，空气变热时会变轻往上飘，而新鲜的空气再由下方流入，形成烟囱般的循环效果。

图2-25

（4）四周没有遮蔽的炉灶，热气会向四周散发，最不易达到聚热功效，效率很差，应当避免。

图2–26

➡ 石头的功效

在户外，我们最容易找到的，同时也是最具有反射热量功效的就是石头了。石头最适合搭设炉灶，而含有水汽的泥土，易散发热气，不太适合用来搭设炉灶。

1. 在炉灶三边搭设石壁。

图2–27

2. 以石壁包围炉灶四周。

图2–28

3. 运用大石壁作为反射板。

图2–29

➡ 木材的收集与整理

1. 收集点火用的落叶和枯枝。

枯草、落叶和小树枝最容易点着，同时还要准备一些较粗的枯枝，用于点着火后及时添加，以免手忙脚乱。如果是下雨天，找不到干燥的点火材料，可收集一些灌木丛顶部的死亡后的小枯枝用于点火。

2. 收集煮饭用的木材。

在树林中寻找断木或掉落的枯枝，或在河岸边寻找干枯的浮木。另外，大树下方的枯枝也可折取。

3. 木材的用途。

依用途可将木材分为点火用的小树枝和增加火力的大树枝，并依次摆放整齐。若需要劈柴，可用柴刀对半劈、再对半劈的方法劈开，这样可以得到均匀的木材。

➡ 如何生火

1. 火床的功能。

（1）如果没有火床，会因土中湿气的原因导致生火不易成功。

（2）火床上应留有空隙，这样可使空气流通，木柴更好燃烧。

（3）等火堆燃烧得差不多的时候，可将石头上的灰烬去除干净，利用石头的热气，小伙伴们可以放置青菜、肉类、鱼类等食物在上面烹烤，享受户外烧烤的乐趣。

2. 搭造火床。

（1）用大石头排列的火床。

图2-30

（2）用耐热的木头材料排成的火床。

图2-31

3. 点火的顺序。

（1）在火床的中央，紧密排上木柴。

图2-32

（2）在木柴的中央，放些干落叶和揉成团的废报纸。

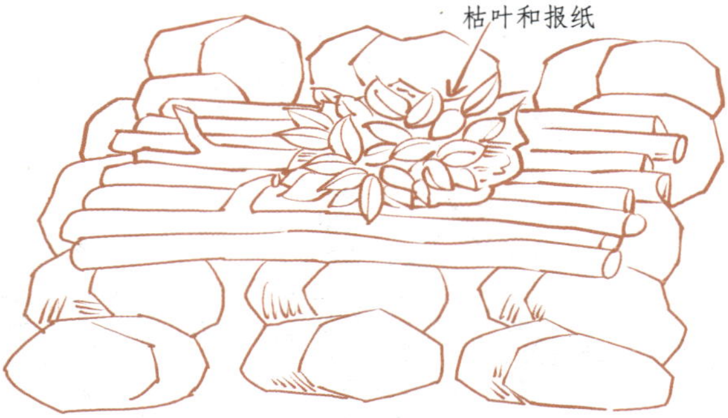

图2-33

（3）放上小枯枝。

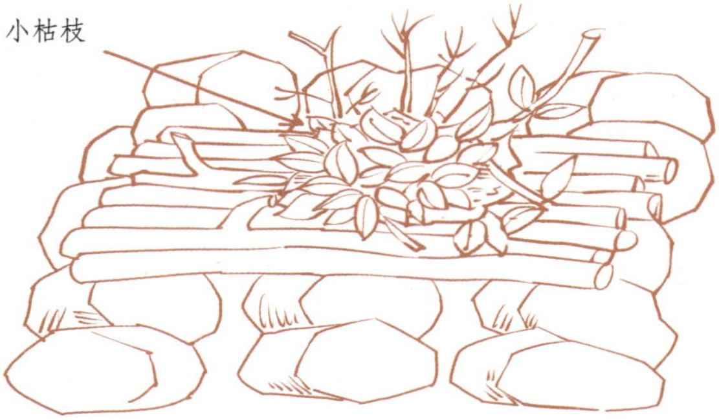

图2-34

（4）在上风处点火。

图2-35

（5）等火着起来后，慢慢添些小枯枝。

图2–36

（6）小枯枝着起来后，再放些较粗的小树枝，使火着得更旺盛。

图2–37

（7）最后加入粗木材，注意木材之间要有一定空隙，利于空气流通以帮助燃烧。

图2–38

➡ 如何维持火力

1. 用竹筒吹火，这样做的目的是输送空气，也吹去了木柴表面多余的灰烬。

2. 如使用火床，可使用细长木棒拨出火床缝隙间的灰烬，使新鲜空气进入火床。

3. 添加木柴时摆放不能太分散，但也不能太紧密，需留出足够的间隙，保持新鲜空气的流通。

（1）木柴的堆排法。

图2-39

（2）排几根特大的木柴，可使火力延续很长时间。

图2-40

➡ 如何在雨天、雪地、冰上、强风处生火

1. 雨天、雪地、冰上环境下生火。

收集粗大的木头，大小不等的石头，将火床抬高。

图2–41

2. 雪不厚时，用铲子将雪铲开，在露出的地面上造火床。

图2–42

3. 下雨时，用铲子挖一些树下或岩石旁的干土并堆放起来，在干土上造火床。

图2–43

4. 强风时生火，飞舞的火花易引发火灾危险，因此在生火前一定先预备好灭火用的土堆或水，以保障安全。

（1）选择岩石、树林旁风势较小的下风处。

图2-44

（2）搭设人造防风壁。

如所处环境石头资源丰富，可用石块堆砌成可避强风的防风壁。

图2-45

（3）在深洞内造火床。

挖约一米的深洞，在洞内造火床。

图2-46

➡ 没有打火机、火柴时如何点火

早在远古时代，人类的祖先就开始用火了，那时没有打火机和火柴。除了在大自然中取得自然出现的火种之外，智慧的祖先发明了人工取火的方法，有些方法甚至沿用至今。随着科技文明的进步，现在我们有了更多更好的方法取火，小伙伴们来了解一下吧！

温馨提示 点火的技巧需要多次练习才能熟能生巧。

1. 准备易引火材料。

请注意：细小的材料比粗大的材料易引着火，颜色深的材料比颜色浅的材料易引着火，前提是材料必须干燥。

（1）落叶，用手将叶片揉碎成细粉状。

（2）木屑，用刀削去树皮，垂直刮出细木屑。

（3）棉屑，从衣物折边处取些布料或线头，然后拆散布边。

（4）纸条，将薄纸或卫生纸撕开再揉成长条。

2. 利用太阳和身边物品点火。

（1）利用凸透镜聚焦。

可用物品：放大镜、老花镜、拆开的望远镜、呈圆形的装清水塑料袋。

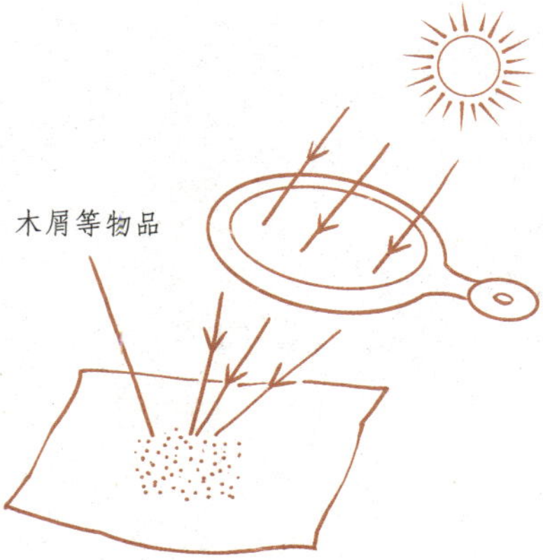

图2–47

（2）利用反射镜聚焦。

可用物品：拆下的手电筒反射镜，拆下的汽车车头灯反射镜等。

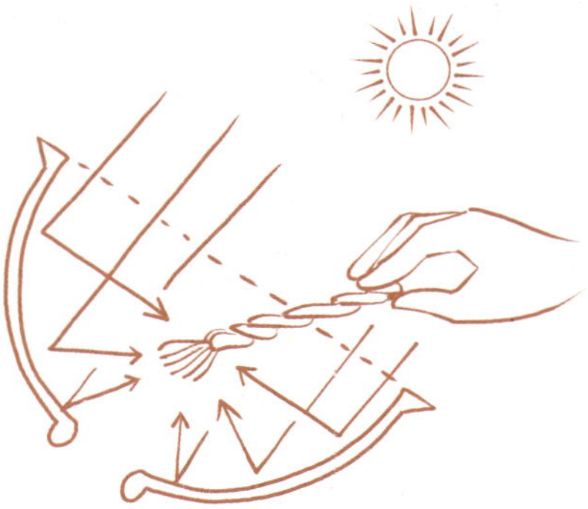

图2-48

3. 摩擦起火。

（1）利用铁丝或细绳摩擦生热。

图2-49

（2）钻木摩擦起火。

① 两手握住枯枝持续摩擦。

图2-50

② 将枯枝固定，再以弓弦辅助摩擦，此法手不会疼。

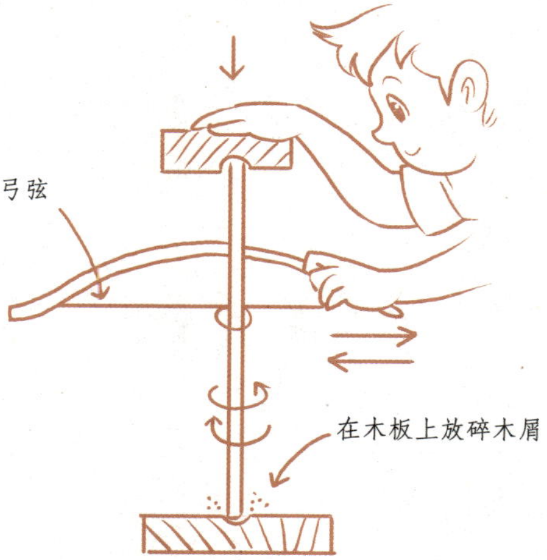

图2–51

③ 在木板上放上碎木屑，取枯枝来回摩擦。

图2–52

4. 电池也可以是用来引火的好材料。

将一张包装口香糖的锡纸修剪成图 2–53 的形状，中间为狭窄的形状，这是为了在这一部分增加电阻。然后将锡纸两头分别按在电池的正负极，中间电阻最大的部分就会燃烧起来。使用这种方法取火时，小伙伴们请带手套操作，不然会有些烫。

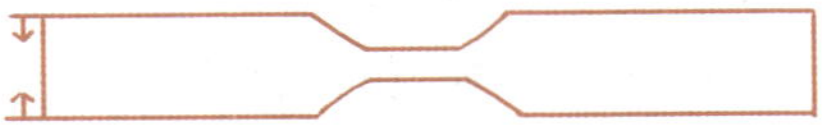

图2–53

5. 携带镁块打火石。

镁块打火石安全性好、耐性度高、可靠性强、便于操作及携带，是户外活动中常备的产品，甚至军队中也常有配备。将白色部分的镁块用刮片刮下一些镁粉碎屑，然后用刮片背面迅速刮打黑色部分火石，使火石上摩擦出的火星及时掉落在镁粉上，就能引燃镁粉。

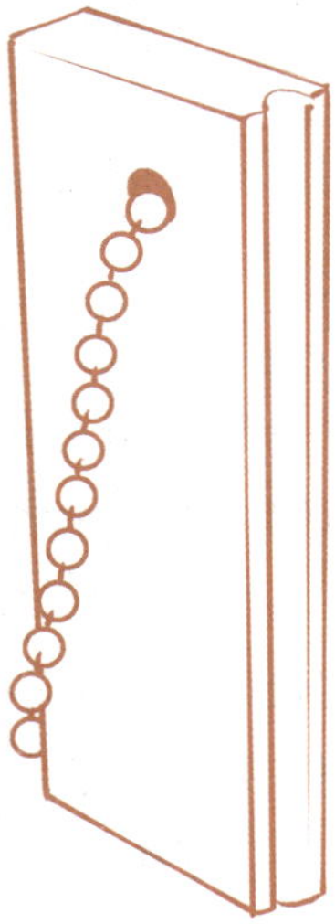

生活指数：★★★★

生存指数：★★★★

个人指数：★★

图2–54

➡ 使用火后的善后与应急处理

俗话说“水火无情”，火灾发生会对生命及财产造成毁灭性的破坏，后果极其严重，必须慎重对待。

1. 常规的善后处理。

（1）取山泉水或河水仔细地浇熄残火，然后以四周的泥土掩埋，恢复原貌。

（2）若缺水时，可将残火拨散，等残火熄灭后，再用厚土掩埋，恢复原貌。

2. 如果不慎发生周边草地着火的情况。

每次生火前，应预备好防火物品备在旁边。万一不慎着火，应优先处理火堆周边的火，以防火势继续蔓延。

（1）用水浇熄火。

（2）用湿毛毯盖熄火。

（3）用土灭火。

（4）用树枝灭火：用多叶的树枝拍打火堆，火势会因高热被驱散而熄灭。

（5）挖防延烧带：若一时无法将火熄灭，可在下方处，用铲子挖土筑一条土堆。

（6）从另一端引火燃烧：万不得已时，可在火堆的另一边提前起火，当两条火烧到一处时，火势会变小，然后再灭火。

3. 烧伤、烫伤的应急处理。

（1）泡冷水：把伤口放在冷水中浸泡20分钟—30分钟，可减轻伤势。缺水时，可用湿毛巾包裹伤口。如果是穿着衣物烫伤，不可先脱衣服，要将冷水直接冲在衣物上做降温处理。

（2）涂药膏：浸泡之后，如果觉得还是比较严重，可在患部涂抹处理烧伤药膏。若没有药膏，可用橄榄油或冷霜代替。如果起了水泡，绝对不可弄破，以纱布或绷带小心包扎。若药膏干了，需小心更换。

户外美食料理其实很简单

虽然小伙伴们需要了解学习点火做饭的技巧，然而由于条件的限制，我们有时并不能随意在野外生火做饭，比如在沙漠、戈壁、草原地区，完全没有可以用的木材。因此，我们推荐在户外商店配备常用的户外做饭工具，不仅携带方便、操作简单安全，更重要的是使用做饭工具能降低对环境的污染，同时为我们节省大量的时间。

炉具和燃料（按照炉具所使用的燃料来分类）

1. 气炉。

气炉多由钛金属和不锈钢金属制成，重量从几十克至几百克不等，一般的输出功率为3000瓦左右。气炉操作简单，使用起来很干净，价格也相对便宜。在常温下，烧开一升水的时间为3分钟—5分钟，而一个标准气罐（体积460ml）在最大火力下可持续燃烧40分钟以上，是户外生火工具的首选。

（1）稳定性好的分体式气炉。

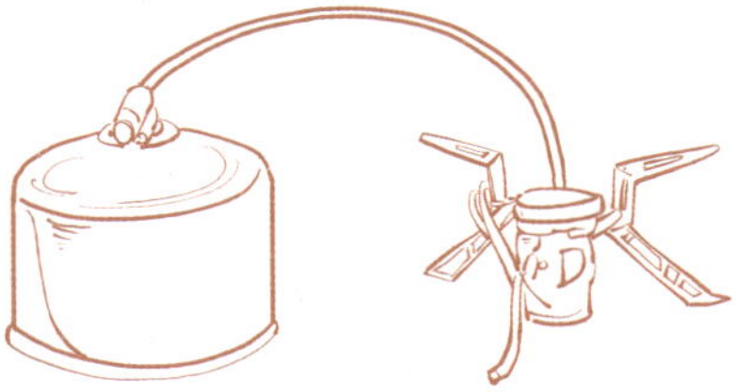

图2-55

（2）重量轻、体积小的一体式气炉。

图2-56

温馨提示 气炉所使用的燃料，通常为丙烷和丁烷混合加压后液化罐装而成，不同的液体比例混合会使得气罐的沸点不同，一般分为低温气罐（高山）和常温气罐两种。若环境温度低于零下5℃，就需要使用低温气罐；但若环境温度低于零下20℃，即使低温气罐也可能无法正常工作，这个时候，我们推荐用油炉来替代。

2. 油炉。

油炉的通用性更强，一般会用煤油、柴油或汽油做燃料，不过具体用哪种油需按照产品说明书来执行。使用油炉有以下的优点：（1）燃料的获取比较方便；（2）不会像气炉那样产生废弃的气罐，比较环保；（3）在低温下不太影响正常使用。

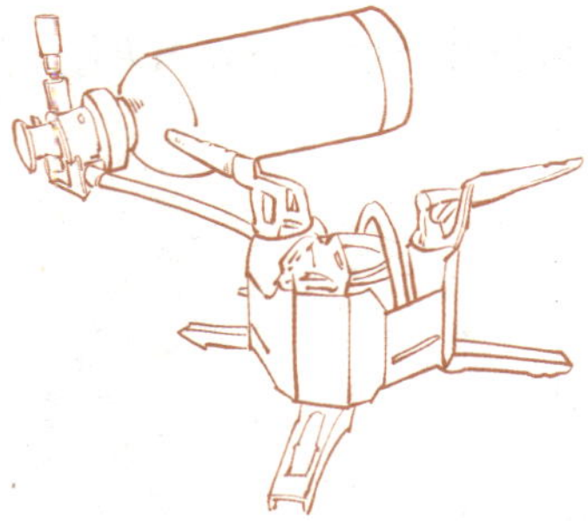

图2–57

温馨提示 使用油炉前需要打压、预热，这个过程需要一些技巧，因此要提前练习好再到户外去使用。

3. 柴炉。

在获取木材比较方便的情况下，我们也可以使用柴炉。相比起搭灶生火，使用柴炉更加安全便捷，成本也较低。但是在无法获得木材的情况下，柴炉就没有用武之地了。

图2–58

4. 酒精炉。

酒精炉可以使用固体酒精和液体酒精两种燃料。酒精有燃烧洁净、稳定的特点，十分清洁且环保。但一般户外用的便携式酒精炉都不容易调节火焰的大小，因此不能满足较为复杂烹饪的需要。

生活指数：★★★★★

生存指数：★★★

个人指数：★★★

➡ 户外炊具及餐具

户外炊具一般有铝制品、钛制品和不锈钢制品。不锈钢炊具最重，但是价格便宜。钛制炊具最轻，但是由于导热性能优良做料理时比较容易糊锅，因此比较适合热流食。想要做出户外美食，铝制的炊具最为适用。

1. 户外套锅。

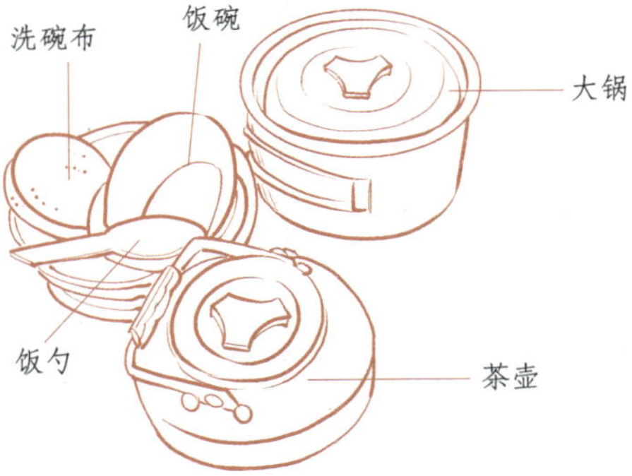

图2–59

2. 其他炊具及餐具。

其他炊具及餐具的种类还有吊锅、筷子、勺子、叉子、菜板、做饭用的刀、挡风板等，小伙伴们可视情况及需要自行配备。

温馨提示 在配备炉具、炊具和餐具之前，先考虑使用的人数多少，再确定购买的锅的大小，然后根据锅的底面直径选择合适的炉子。若是锅大炉子小，很容易翻锅，浪费了辛苦烹调的美食。

生活指数：★★★★★

生存指数：★★★

个人指数：★★★

➡ 没有炊具的做饭方法

开展营地教育时，不用套锅和炉火做饭虽然很费事，但会是非常有趣的体验。

1. 蒸。

（1）用青竹蒸饭。

取青竹做成笔筒状，将洗净的米放入竹筒，加上清水，再将竹筒用干净的草或树叶塞紧，借用石块斜放于火旁。

图2-60

（2）用纱布蒸饭。

先将米放入一张较大的纱布包好，放入水中浸泡一晚，使米充分吸水。

① 在地面挖一个浅洞并铺好树叶，再将米包平铺于树叶之上，米包上再覆盖好叶片，最后覆盖 2 厘米—4 厘米的薄土。在薄土上生火约 20 分钟，香喷喷的米饭就做好啦！

图2-61

② 挖一个深洞，铺上大石头，生火加热20分钟—30分钟。将火熄灭，铺上2厘米薄土，再铺上树叶，树叶上平铺米包，米包上再铺树叶，用湿布盖上，然后在湿布上覆盖约10厘米的厚土，约30分钟后，米饭就熟了。

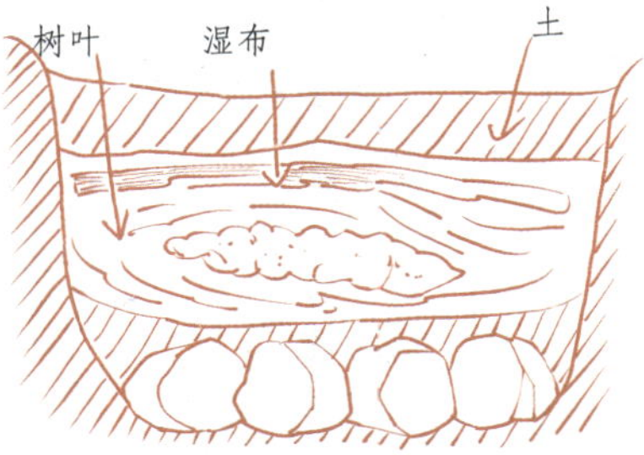

图2–62

2. 煮。

（1）用竹器。

普及一个小常识：只要有水竹子是不会燃烧的，小伙伴们可以放心啦！

图2–63

（2）用纸。

同理，在烧水时纸杯也不会燃烧哦！

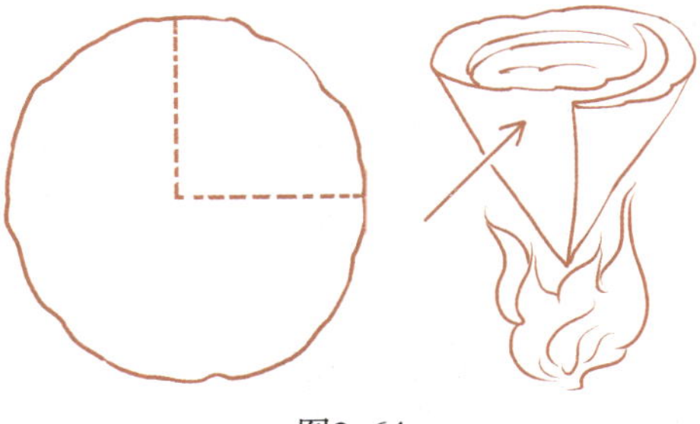
图2–64

（3）用锡箔纸。

用铁丝做成框，将锡箔纸结实地附着于框上。

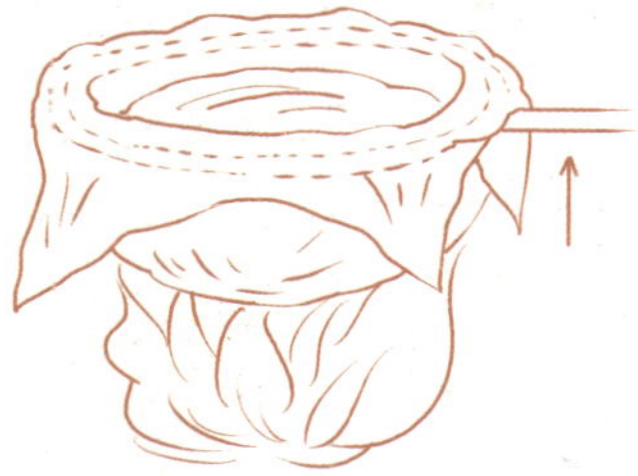

图2–65

（4）用布桶。

在布桶中倒入适量的清水，然后放入加热过的干净石块；待水沸腾后，即可放入需要煮的食物；若有需要，可追加放入热石提高温度。

图2–66

3. 煎炒。

（1）用锡箔纸做一个简易的锅。

将锡箔纸附着在用粗铁丝做的框上，倒入色拉油就可以炒菜了。

图2–67

（2）巧用废弃罐头盒。

废弃的罐头盒可包一层锡箔纸后，作为小煎锅使用。

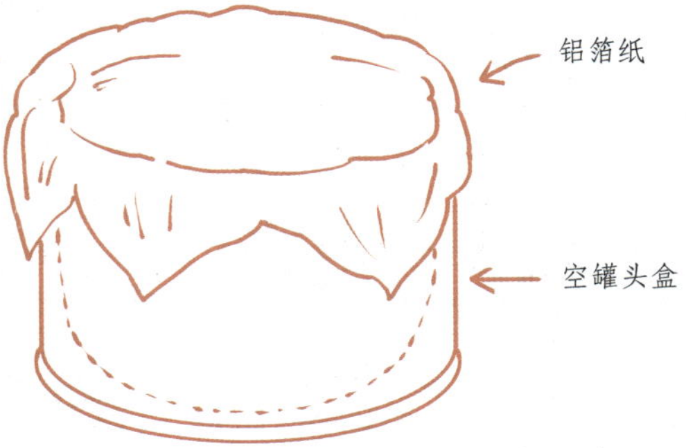

图2–68

4. 烤。

为预防烫伤，应先准备好手套和长竹筷。

（1）用竹签或细木棍。

先将食物穿在竹签或木棍上，然后将其插在火堆旁，食物主要是靠火堆的辐射来烤熟。在新疆，维吾尔族人就是这样烤鱼的，很值得我们学习借鉴。

图2–69

（2）用铁丝。

由于铁丝不会燃烧，所以可以放在火焰的上方，但操作时一定要小心以防烫伤。

图2-70

（3）用石头。

先将石头放在火中烤热，再借助石头的热量将食物烤熟。

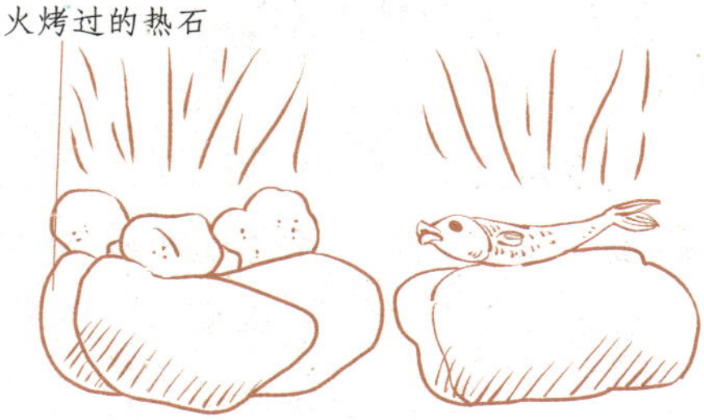

图2-71

（4）用沙子。

在沙上生火，沙子就会变热，可将食物放在沙子上或埋在沙里。

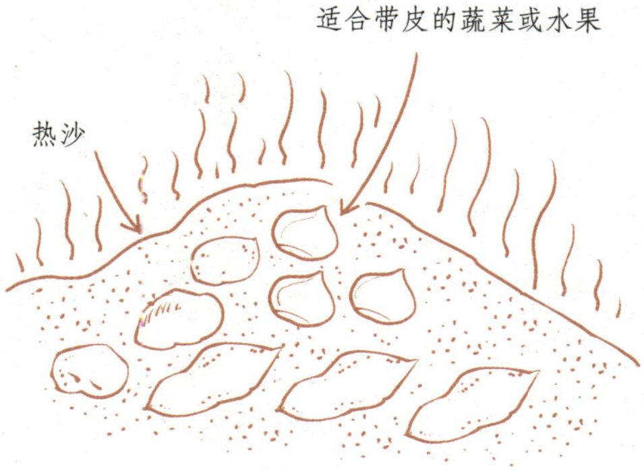

图2-72

（5）用较粗的木棍。

这种方法比较适合烧烤较大的食物。首先我们需要做一个架子，然后将穿好的食物放在架子上，不停地旋转木棍，使食物能烧烤均匀。

图2-73

➡ 从家中携带食物时我们需要注意哪些

1. 携带体积小的、轻便的且不容易变质的食物。

2. 打包时尽量少产生包装垃圾。

3. 我们需要预估好活动时间的长短，结合自身的身体素质及需要，合理携带碳水化合物、电解质、维生素等人体必需的元素。

第三章　住

回到大自然的怀抱，一起去看最美的星星！

在开展营地教育进山露营时，常听到小伙伴们感慨：原来山里的星空是这样美！是的，城市的夜晚人们已经不再仰望，因为没有星空的夜晚实在没什么好看的。在大自然的怀抱中，和朋友一起躺在草地上，看着璀璨的星空，有一搭没一搭地聊着天，漫游自己的思绪，是多么惬意的事情！小伙伴们一定要试一试！

➡ 露营的种类

体验大自然的奥妙与神秘，搭帐篷或在山中小屋住宿，这样的露营方式是最自然的营地教育。

1. 依据天数不同而举办的露营。

（1）日间露营：只限白天活动，适合低年级小朋友。

（2）两天一夜的露营：是最常采用的露营方式，对时间、体力、食物都能有较好的计划与掌握。

（3）长期露营：一般用于工作或探险。

2. 依人数不同而举办的露营。

（1）一人露营：对个人的心理素质、生存经验要求较高。

（2）小群体露营：最受欢迎的露营方式，一般不超过 10 个人。大家玩得很开心，聊得也很棒，对增进友谊很有帮助。

（3）大团体露营：一般用于单位或学校组织的活动，人数较多。

3. 依行动方式不同而举办的露营。

（1）移动式露营：驴友①们常采取的方式，从出发点到目的地，可能要经过多次露营，所以装备要尽量轻巧，以方便移动。

（2）定居型露营：亲手建造许多在营地需要用的设备，有很强的娱乐性和学习性。

（3）基地型露营：建立一个大帐篷，功能较为齐全，将其设为补给点和指挥所，然后再分头行动。

4. 因为目的地不同而举办的露营。

（1）海边露营：享受阳光、沙滩、海风，了解广阔海洋中的生物。

（2）森林露营：可以观察到许多动植物，学习到很多生存经验。

---

① 驴友（英文：Tour Pal）的谐音，是对户外运动，自助自主旅行爱好者的称呼，通常指的是那种背着背包，带着帐篷、睡袋，穿越、野营、徒步、骑行的户外爱好者。因为驴子能驮能背，吃苦耐劳，和户外爱好者有很相似的共性，也是他们引以为豪的资本之一，所以“旅”友就谐音为“驴”友了。

（3）山上露营：领略大自然的奇妙景观，体会一览众山小的成功喜悦。

5. 依目的不同而举办的露营。

（1）教学露营：体会大自然的无穷奥秘，增强对自然科学的兴趣，学习更多知识和技能。

（2）为接近大自然的露营：享受自由阳光和新鲜空气，放松自我，体会生活的美好。

（3）工作露营：进行学农实践或是开展清理垃圾等环保工作。

➡ 露营需要的装备（睡眠相关）

1. 地布。

地布是铺在帐篷下面的一块布，是用耐磨防水材料制成。其最主要的功能是防磨，避免帐篷底部经常与地面摩擦而损坏。地布展开后比帐篷底部略小一点点，这样设计是为了在下雨的时候，不会变成一个接雨的水盆。地布还有很多用法，比如在下雨时可作为临时雨披；或和登山杖配合，搭建成一个小的天幕；还可以在营地淋浴时用作浴帘等。由于帐篷大小不一，所以最好使用和帐篷配套的地布。

生活指数：★★★★★

生存指数：★★★

个人指数：★★★★

2. 帐篷。

户外环境复杂多变，帐篷是我们在营地教育活动中可以移动的房子，能给小伙伴们提供庇护，保障安全。

（1）搭建好的帐篷示意图。

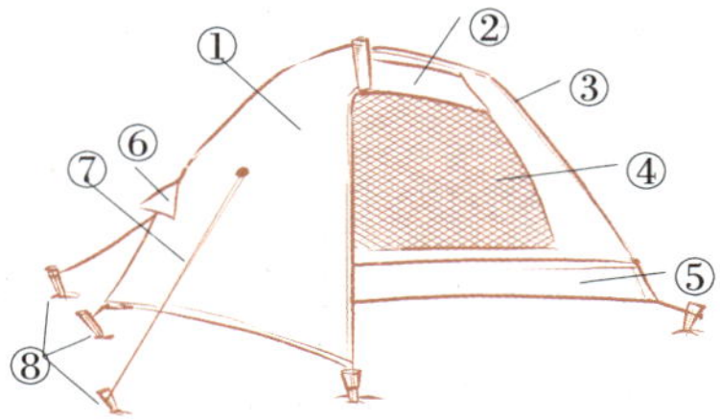

图3–1

①外帐：帐篷的最外层，有防风和防雨的作用，顺便还兼顾了私密性和部分保暖性。通常由不透明的防水材料制成，由于制作时要考虑帐篷的形状，面料必须进行裁剪，因此缝合部分的压胶工艺非常关键，否则帐篷会漏雨。

②内帐：帐篷的内层，由防水的下底部与透气的中上部组成。上部一般为网状，细密的纱网不仅能保证良好的透气性，还能防止蚊虫进入，保证小伙伴们安稳地在帐篷里休息。

③帐杆：用于支撑外帐和内帐。铝制的帐杆强度好，质量轻，是目前最优质的。帐杆在收纳时可以折起，方便携带。

④帐门：方便自由出入，经由拉链与内帐连接。

⑤内帐防水层：防止下雨后地上的积水进入帐篷，也避免在风雨交加的时候，雨水被风卷入内帐。

⑥透气窗：在外帐两侧会有透气的小窗，打开后能形成有效的空气对流，带走帐篷里小伙伴们呼吸而产生的潮气，否则潮气会在帐篷中凝结成小水珠，顺着内帐滑落而打湿睡袋，若是冬天，还会在内帐上凝霜。

⑦防风绳：正确使用防风绳，不仅在风大的时候能够稳定帐篷，还能扩大外帐与内帐之间的距离，保证帐篷的防雨性和透气性良好，所以无论刮不刮风，都应该使用防风绳。有些种类的帐篷，不用防风绳就无法搭建。另外，防风绳还有很多用途，欢迎小伙伴们在实践中发现总结。

⑧地钉：用于固定防风绳。

（2）帐篷的分类。

帐篷的种类可谓多种多样，在这里，我们仅对近年来常用的徒步露营帐篷进行简单的分类。

① 按照容纳人数来分。

A. 单人帐篷：体积小、重量轻，适合单人活动。

B. 双人帐篷：被徒步者广泛采用，重量、容积和舒适性最为理想。

C. 三人帐篷：非常适合三口之家。

D. 四人以上帐篷：适合集体活动，重量较大，携带不方便。

② 按使用季节来分。

A. 三季帐篷：重量较轻，可在春、夏、秋三个季节使用，但不适合周边环境温度低于零度时使用（这一点与季节无关），三季帐篷的功能侧重于防雨和透气。

B. 四季帐篷：可在一年四季中任何一个季节使用，事实上，在低温的冬季使用最好。四季帐篷的功能侧重于防风、保温和抗雪压，所以四季帐篷相对于三季帐篷而言，面料会偏厚，帐杆的数量也较多、较粗。

C. 高山帐篷（探险帐篷）：适合在攀登雪山或穿越极地时使用，高山帐篷和四季帐篷的区别：一般的高山帐篷，在外帐下面有一圈雪裙，可以在雪裙上面压雪，以防止冷风从帐篷底部吹入。

③ 按外部形状分。

A. 蒙古包帐篷（穹顶帐）。

中部隆起，四周贴地，抗风性较好，可以自行立起，适应程度最强，空间最大，也是最常用的帐篷形状。图 3–1 的帐篷就是蒙古包帐篷。

B. 青蛙帐篷。

头部高宽，脚部低窄，形似蹲着的青蛙。由于在脚部节省了材料，所以会较轻，但空间感较差，需要打地钉并拉防风绳才能站立。

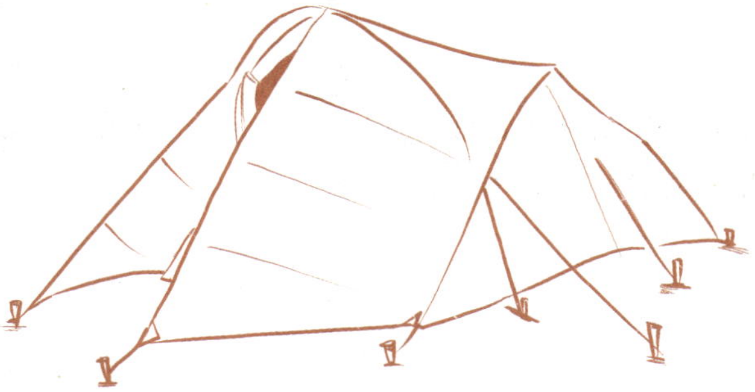

图3–2

C. 隧道帐篷。

两端用一根或两根弯曲成半圆的帐杆支撑，搭建时比较需要技巧，需要打地钉并拉防风绳才能站立，但就抗风性而言是帐篷中最强的。

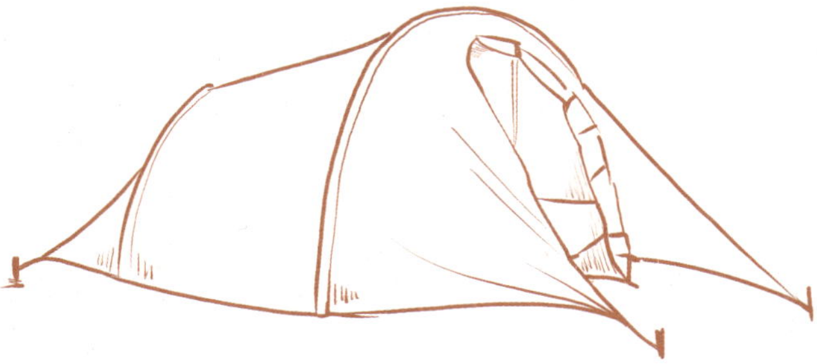

图3–3

D. 金字塔帐篷。

需用登山杖辅助支撑，然后打地钉并拉防风绳才能站立，由于节省了帐杆，重量是最轻的。

d1. 用一根登山杖支撑的金字塔帐篷，看起来像英文字母大写 A，因此也被称为 A 塔帐篷。

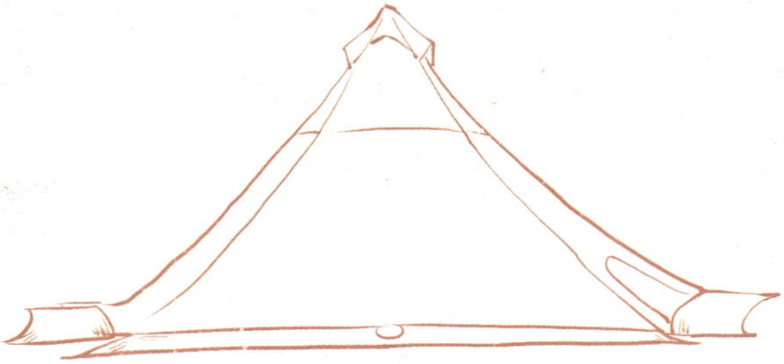

图3-4

d2. 两端分别用登山杖支撑搭建的金字塔帐篷，侧面看起来像被放倒的英文大写字母 B，所以也被称为 B 塔帐篷。

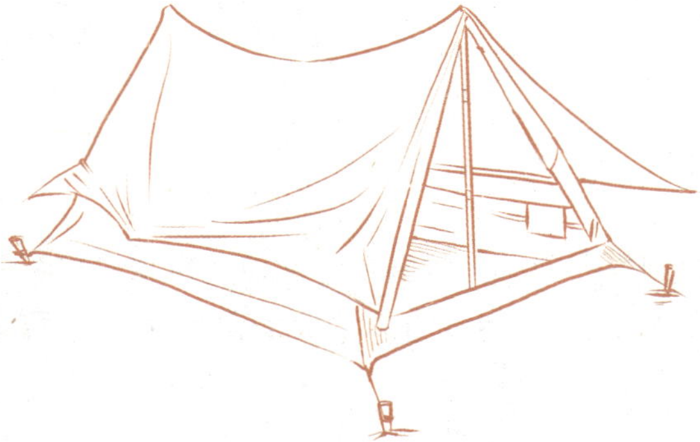

图3-5

生活指数：★★★★★

生存指数：★★★★★

个人指数：★★★★

3. 防潮垫。

在户外，防潮垫就相当于小伙伴们的床，主要功能是防潮保暖，用于隔绝身体与地面之间的热传递，同时还能防硌并增加睡眠的舒适性。

（1）泡沫防潮垫。

优点：重量轻、使用方便、不易损坏、价格便宜、保暖性好。

缺点：在同一 R 值[①]下，收纳后体积比充气防潮垫大。

温馨提示 如果使用羽绒睡袋，建议搭配蛋槽型泡沫防潮垫，因为这样睡袋和防潮垫接触的部分有凹进去的空间可以让羽绒膨胀起来，更好地保温。

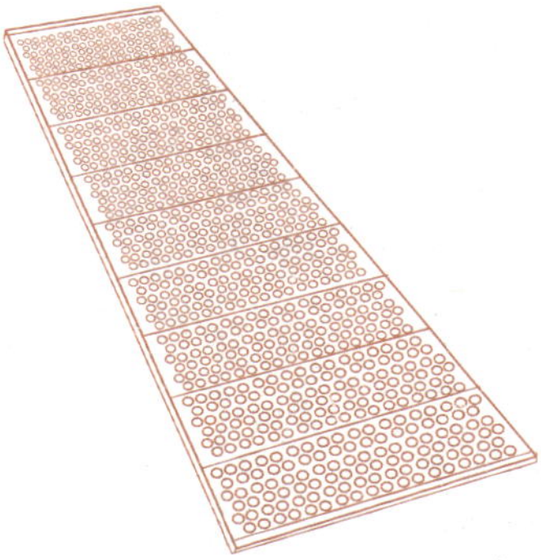

图3–6

（2）自充气防潮垫。

自充气防潮垫收纳后体积较小，但自重比泡沫防潮垫稍大，在打开后会自动充气，但有时也需要人工补几口气。

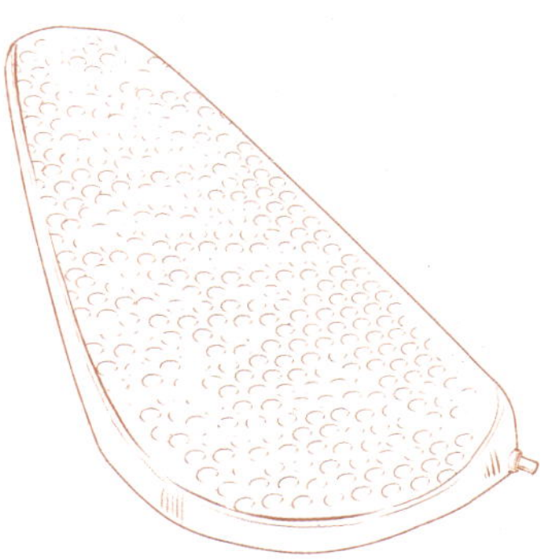

图3–7

① R值又称热阻值R，是一个在特定试验条件下用于衡量材料热学性能的指标，代表阻止热量穿过的能力，R 值越高，热量散失越小，材料的保暖能力越好。

（3）充气防潮垫。

充气、放气都很麻烦，而且由于结构没有隔断，气体会在垫内自由活动，保暖效果不佳。

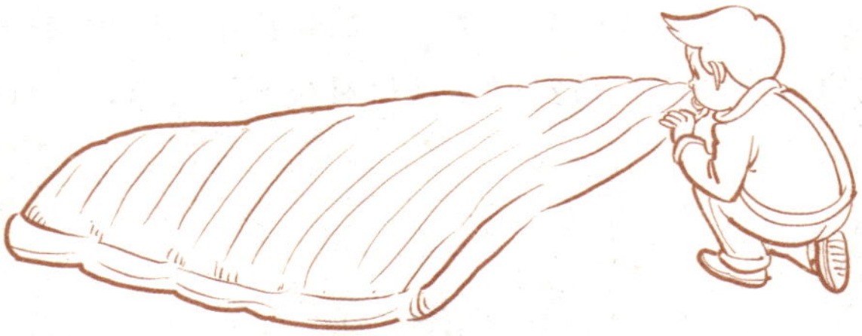

图3–8

生活指数：★★★★★

生存指数：★★★★★

个人指数：★★★★★

4. 睡袋。

睡袋是最常用的野外露营寝具，非常注重填充材料的保温性，通常采用羽绒或合成纤维棉填充。

国际上现在普遍采用2005年公布的EN13537睡袋标准，睡袋厂家需将样品送至有资质的实验室进行温度测试，然后得出睡袋温度的四个数值：上限温度、舒适温度、下限温度及极限温度。参考这四个温度指标，小伙伴们可以根据活动需要挑选适合的睡袋。

温馨提示 未成年人与成年人耐高温及低温的程度是不同的；亚洲人与欧美人耐寒程度也不同；所以在选择睡袋时要考虑这些因素。

（1）睡袋的分类。

①从外形上分。

A. 信封型：拉链可以完全打开，在天气热的时候可以作为被子使用。由于睡袋在腿部的空间比较大，小伙伴在里面身体会比较舒展，天气不冷的时候会很舒服，然而天气冷的时候保暖性就会较差。比起同样材质同样重量的人体形睡袋，信封式睡袋质量和体积也会稍大。

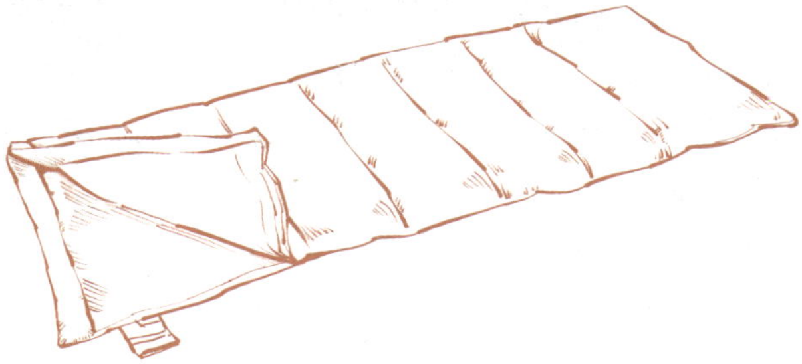

图3-9

B. 人体形（木乃伊形）：在相同材质与温标下，人体形睡袋会比信封形睡袋更轻，体积更小。在寒冷环境下使用羽绒睡袋，普遍都是人体形的。

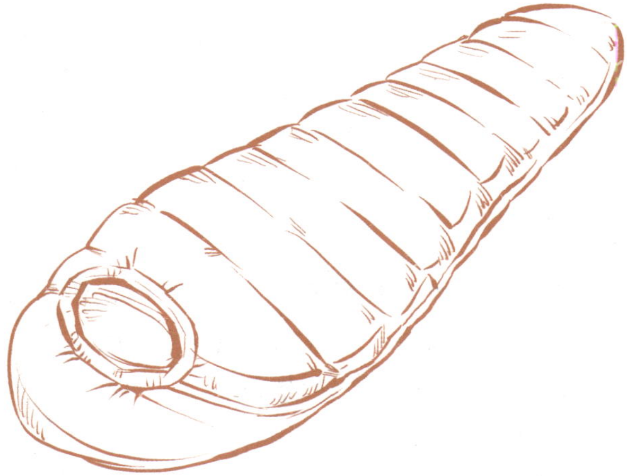

图3-10

②从填充物材料上分。

A. 抓绒睡袋：用薄的抓绒材料制成，多用于夏天，一般夜间最低气温应不低于零上 20 度。

B. 棉睡袋：棉睡袋的“棉”，并不是指我们日常生活中所说的棉，而是把化学纤维做成了中空的。实验表明，中空的化学纤维确实比一般纤维更保温。在这种纤维上均匀地打出七个孔的七孔棉，在保暖性、透气性、舒适性和蓬松度等方面综合性能最好。棉睡袋多用于春秋季，适用气温一般在零度到零上 20 度。

C. 羽绒睡袋：在具有同样保温性能值的情况下，相比起棉睡袋，羽绒睡袋的体积和重量都会更小。在夜间最低气温零下 30 度至零上 20 度的温度区间内，可根据自身需要，选择不同质量及不同充绒量的羽绒睡袋。

（2）睡袋的使用方法。

① 保证睡袋的干燥与清洁。

② 在不携带睡袋的情况下，将睡袋从包装袋或压缩袋中取出，保持填充材料的蓬松度。

③ 在寒冷需要保温的情况下，将睡袋的头部收拉绳与胸部收拉绳收紧，防止睡袋中的热空气与睡袋外的冷空气对流。

④ 在热的时候，可将睡袋拉链拉开，把睡袋像被子一样盖在身上即可。

生活指数：★★★★★

生存指数：★★★★★

个人指数：★★★★★

➡ 搭帐篷的安全场所

露营地是用来过夜的场所，大家在此活动的时间比较长。在夜间由于光线的问题，许多潜在的危险都看不清楚，所以在搭建帐篷前，应预先考虑到各种可能发生的状况，慎重选择搭帐篷的场所。

1. 不适合搭帐篷的场所。

（1）山崖下：若距离山崖太近，可能会发生落石的危险。

（2）山脊边：可能有突发山风或被闪电击中的危险。

（3）孤树下：可能有遭遇闪电击中的危险。

（4）峡谷底部：如果上游下大雨，可能会遭遇洪水和泥石流。

（5）凹地：由于排水不良，如果下雨，帐篷会泡在水中。

（6）与河水落差较小的河边及沙洲：河水暴涨的时候，有被冲走的危险。

2. 适合搭建帐篷的场所。

（1）坡度和缓的草地：在草地上搭建帐篷会很舒服，而且很干净。

（2）日照良好、向阳的平地：由于阳光的照射，白天会很温暖，也很卫生。

（3）河岸旁较高的平地：要高过以前洪水来时留下的最高水线。在水边扎营，取水会很方便。

（4）湖泊旁边的平地：基本没有湖水暴涨的危险，比较安全。

（5）有枯木的场所：这样取可用木材会比较方便。

➡ 帐篷的搭建与收取

1. 尽可能选择平的地点。如果将帐篷搭在缓坡上，晚上就别想好好睡觉啦，因为睡一会儿身体就会滑到帐篷比较低的一边，全身蜷成一团，会很难受，一晚下来相当于在睡中爬了一夜的坡。

2. 进行整地的工作，去除地上的碎石与树枝。

图3–11

3. 如果有荒草，可铺在地上，这样晚上睡觉会更加舒服。

图3–12

4. 铺展地布，四边以地钉固定。

5. 按照帐篷说明书上所介绍的搭建方式，将帐篷搭好。

6. 拉好防风绳。

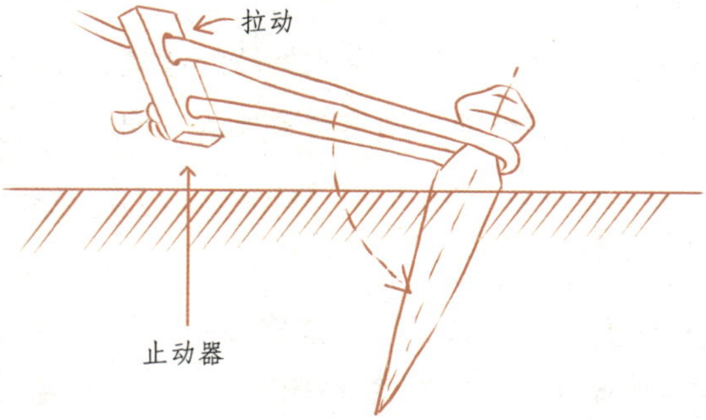

图3–13

7. 注意不同角度防风绳下地钉的入土角度。

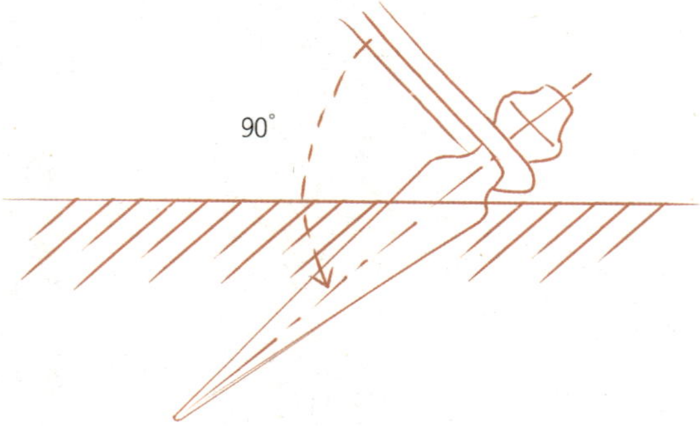

图3–14

8. 若使用带有雪裙的高山帐，则需要在雪裙四周压上积雪。

9. 打开帐篷内帐，将防潮垫铺在帐篷中，然后把睡袋从背包中取出，铺在防潮垫上，让睡袋自由蓬松，这样会增强保暖性。离开帐篷时一定要记得关闭内帐拉链，以防蚊虫进入。

10. 在收取帐篷时，一定要记得将帐篷晾晒干。若收帐篷时正在下雨，无法晾干，一定要在方便的第一时间将其晾干，否则潮湿会侵蚀外帐接缝处的压胶，破坏帐篷的防雨功能，从而影响帐篷的使用寿命。将晾干后的帐篷抖去沙土杂草，叠好放回帐篷袋内。

➡ 如何搭设简易的帐篷及露营

国际上有许多国家，青少年基本都参与过营地教育的学习。在户外装备不完善的年代，搭建简易帐篷的露营方式非常普遍。时至今日，在某些特定的环境下，这些技能仍然非常实用，毕竟小伙伴们不可能无时无刻都带着全套装备。

1. 使用塑料布搭帐篷。

（1）楔形帐篷：是很方便的帐篷，搭建时只需将顶部用绳索挂起，可供1—3人使用；但因过于简易，透气性和防蚊虫功能差。

图3–15

（2）单张塑料布帐篷：搭设最为简单，但仅能遮蔽风雨，供一个人使用。

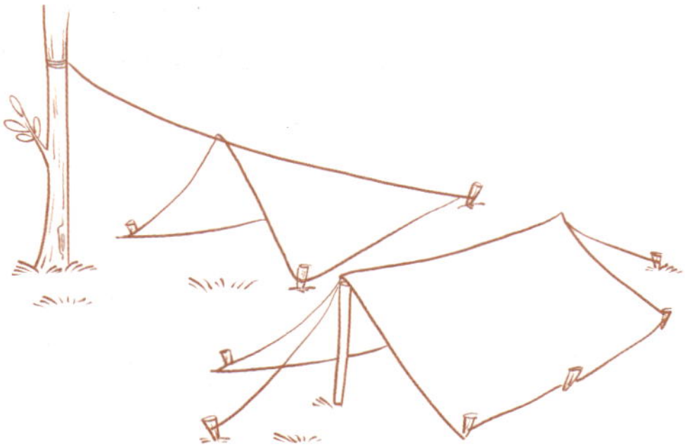

图3–16

2. 使用塑料帐篷时的注意事项。

（1）睡觉的地方应铺设较厚的干草和塑料布。

（2）为了防止下雨时积水，应沿着帐篷的篷边挖掘排水沟。

（3）下雨时，要注意不要碰到帐篷的屋顶，以免造成帐篷漏水。

3. 如何使用毛毯保暖。

（1）将一条大毛毯对折盖在身上。

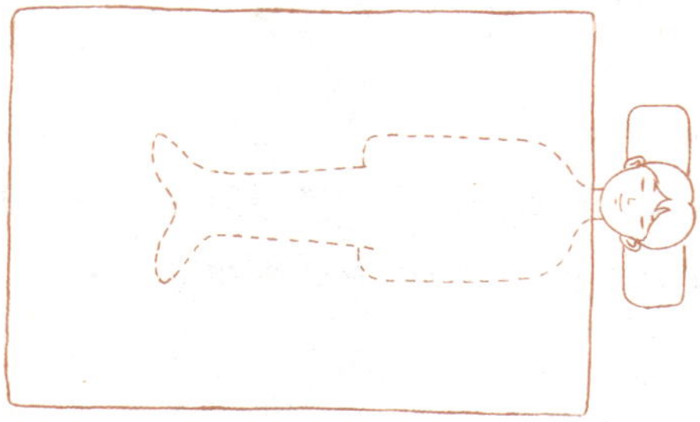

图3-17

（2）将身体连同盖在身上的毛毯一并转向左侧，这样使得右侧的毛毯垂挂于背上。

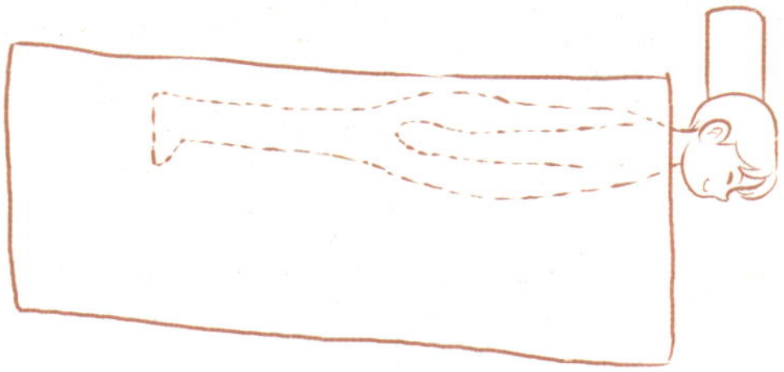

图3-18

（3）再将身体连同背上的毛毯一同转回原来仰卧的姿势。

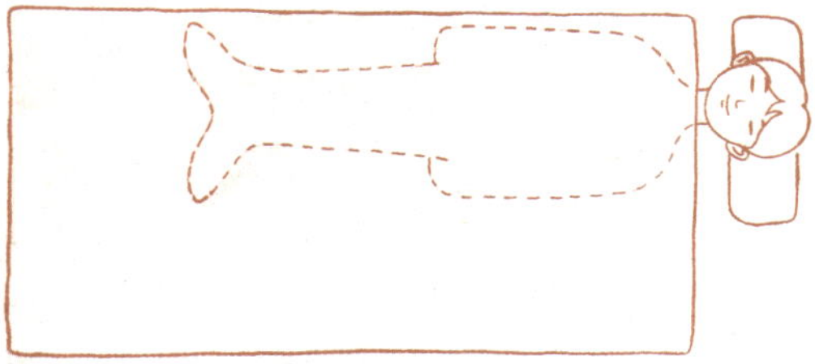

图3-19

（4）将身体连同毛毯转向右侧，这时左侧的毛毯垂挂于背上。

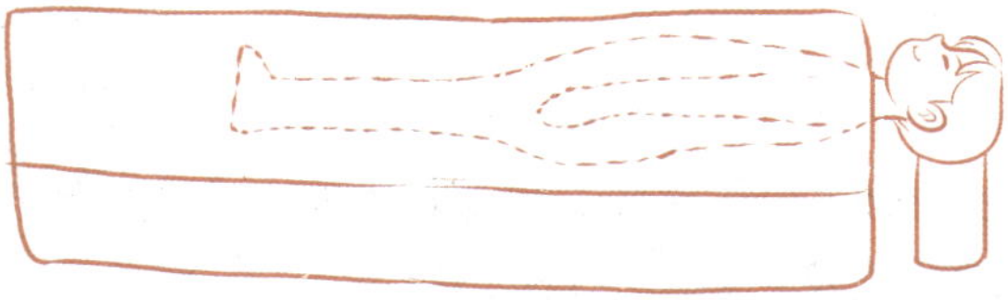

图3–20

（5）再将身体连同背上的毛毯一同转回仰姿，此时背上会压 4 层毛毯在地上。

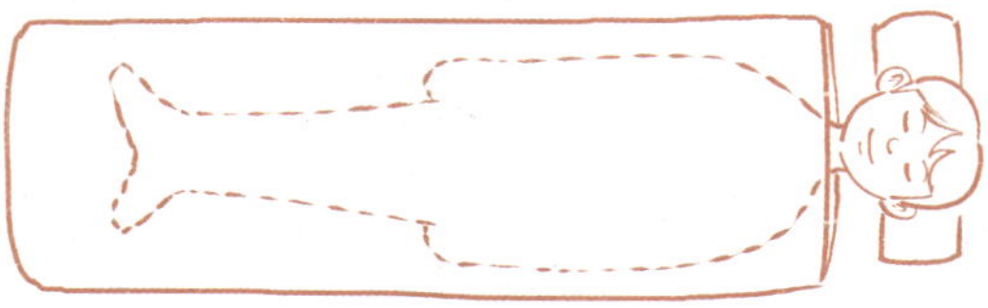

图3–21

（6）抬高双脚，此时毛毯会垂挂下来。将双脚用力一蹬，趁毛毯摆向脚边时放下双脚。

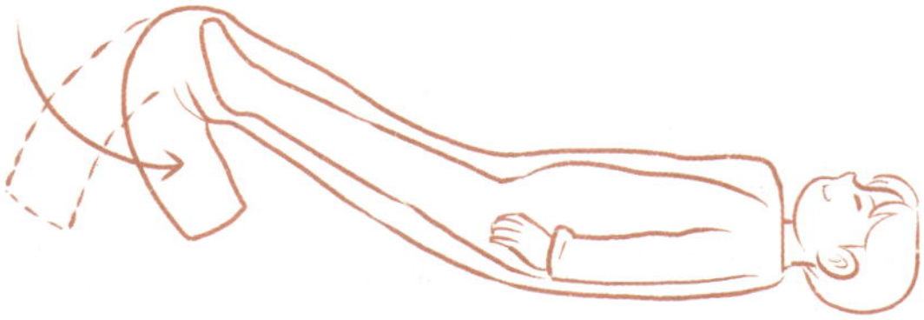

图3–22

（7）现在，毛毯将全身包裹完成。此时脚部相当于用 10 层厚的毛毯垫高，这样可帮助白天因步行导致酸痛的双腿加速血液流通，缓解疲劳。

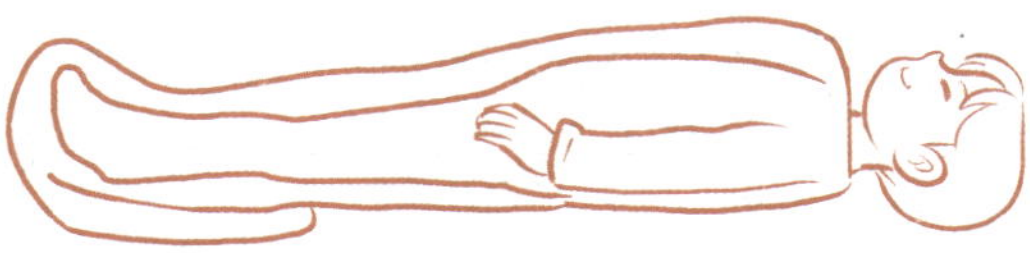

图3–23

➡ 无装备情况下的保暖及露营方法

1. 保暖的方法。

（1）穿上所有的衣服，雨衣或者塑料套也有防风御寒的功能。

（2）用报纸包住身体可以保暖，也可在衣服内塞枯草叶，再用绳子绑住。

（3）全身都需要保暖，减少热量的流失。

图3–24

（4）使用紧急救生毯（太空毯）。

救生毯有良好的热绝缘或冷绝缘性能，还可以防水，是国际通用的紧急救生必备品。

① 防水，下雨时可以当作雨衣使用。

② 制作时使用太空材料，能维持人体温度的90%，披裹在身上可防止体温过低。

③ 表层的反射光能使目标显而易见，易于救援。

④ 在炎热的气候环境下能有效地反射太阳光和热，以维持身体的温度，防止中暑。此时需将镀膜的一面面对太阳来反射热量（有些产品需要反面使用）。

⑤ 在和帐篷搭配使用时，可覆盖在帐篷之上，为雨天时的帐篷提供额外的保护屏障；也可在寒冷的冬季或炎热的夏季，利用银色镀膜反射热量的原理，使帐篷内保持舒适的温度。

⑥ 露营或野炊时可以当作防潮垫或野餐垫使用。

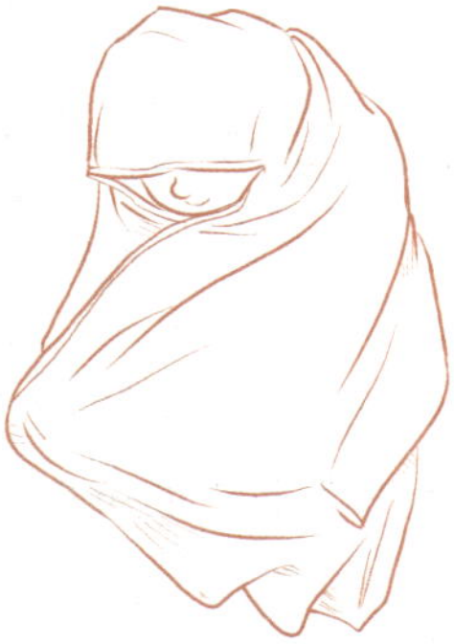

生活指数：★★★★★
生存指数：★★★★★
个人指数：★★★★★

图3–25

2. 露营的方法。

（1）地面上铺报纸、枯草或瓦楞纸等物品，可以有效防止体温散失。

（2）如果可以生火，将烧热的石头埋入土中，睡在土上，用土的厚度来调节温度。若是在没有石头的沙漠，用沙子直接掩埋火堆也可。笔者曾亲自实践过这样在沙漠里露营，还是很舒服的。

（3）如果旁边有大石头，可在人睡觉的下风处再生一堆篝火，用石壁反射火堆热辐射的作用，保障身体未接触地面的部分也能暖和起来。

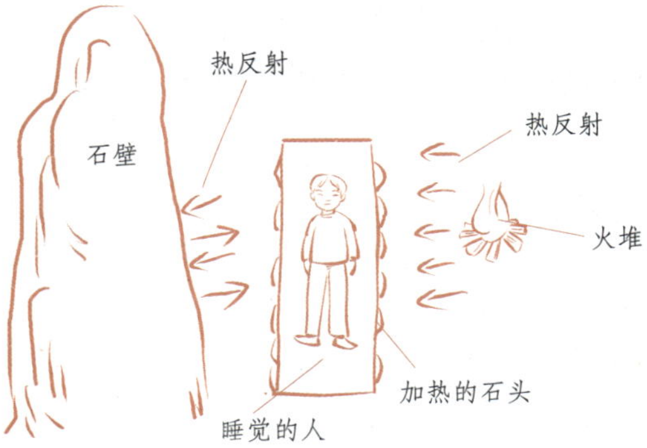

图3–26

➡ 照明器具的制作

这里所说的照明，主要指的是在营地生活中使用的照明。

1. 火把。

在树枝上卷上破布，用铁丝绑好，浇上色拉油或汽油，点火后即可使用。

2. 煤油灯。

将布卷成细长条，用细绳缠绕捆住；然后将布条放入倒有色拉油或汽油的瓶子中，用饭粒固定好瓶口露出的绳端，在绳端淋油后即可点火使用。

➡ 野外洗澡和洗衣服的方法

如果营地教育活动延续数日，即便条件简陋，我们也应该想办法来保持身体清洁，保证生活质量。

1. 淋浴。

（1）户外淋浴器。

将简易的淋浴头安装在能容纳 10 升水的黑色防水袋上使用。夏季只需把装水的防水袋置于太阳下暴晒 3 小时左右，水温即可达到 40 度以上，这时将淋浴器挂在树上就可以舒舒服服洗个热水澡啦。若是阳光不佳时，可将淋浴器内灌入烧好的温水。如需要可使用地布配合，代替浴帘遮挡。当然淋浴器还可以用作一个装了开关的水桶，在很多时候使用起来非常方便。

生活指数：★★★★★

生存指数：★

个人指数：★★★

（2）自制淋浴器。

① 首先准备下列工具。

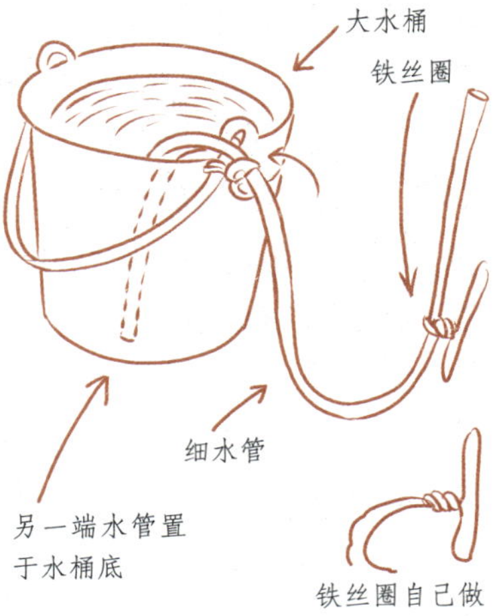

图3-27

② 将水桶吊在高处，用嘴将水从管子吸出，然后将水管出口稍稍吊高，以铁丝圈固定在水桶旁边。

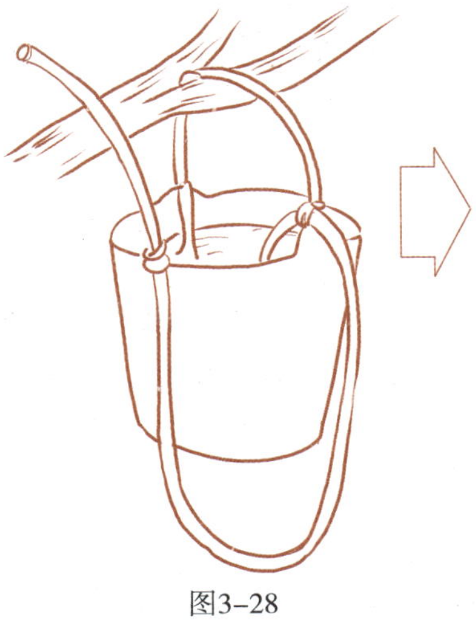

图3-28

③ 要洗澡时，只需将水管放低，水就会自行流出。

➡ 垃圾的处理方法

户外垃圾虽然没有城市垃圾或工业垃圾那样复杂多样，但若不妥善处理，依然会对环境带来危害。热爱户外生活的小伙伴尤其应该珍惜环境，和自然和平相处，避免相互伤害。

1. 避免产生过多的垃圾。

（1）从家中带来的食物或食材，应该提前做好处理，尽量去除多余的包装。如必须使用包装，建议采用可重复使用的包装方式。

（2）携带的装备需质量可靠，并可反复多次使用，不可随意丢弃。

2. 垃圾分类并妥善处理。

（1）可燃烧垃圾：在点火时可用作引火材料，在恰当的时候焚烧处理。

（2）不可燃烧垃圾：在远离水源的地域挖坑掩埋。

（3）带回城市处理的垃圾：塑料制品、电池等，请随身带走然后妥善处理。

3. 如何处理污水。

（1）挖洞处理：在洞中投入树枝可防止污水溅起；当污水有积存时，为了不滋生蚊蝇，应填入少许泥土覆盖。

（2）沥水处理：将污水倒入塑料袋中，在袋底戳几个小洞，水沥干后将袋内垃圾掩埋处理。

➡ 野外如厕法

上厕所是我们生活中不可避免的事，在户外生活中也是如此。既然不可避免，就需认真对待，否则不但影响小伙伴的心情，还容易滋生蚊虫、传播疾病。

1. 厕所建造方位的选择。

（1）营地的下风处。

（2）选择安全的地点，与营地来往的路不能难走。

（3）距营地不要太近，当然最好也不要太远。

2. 便槽的制作。

（1）用铲子在沙地上挖一个深坑作为茅坑。

（2）将圆木或厚木板横搭于坑上。

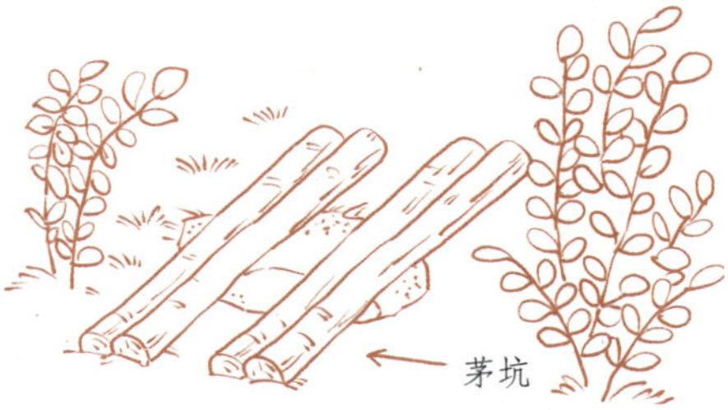

图3–29

（3）在洞中放入树枝可防止小便溅起，若放入杉树的叶片，还能增加芳香气味。

3. 厕所的围墙。

（1）用布做的围墙。

图3–30

（2）用小树枝做的围墙。

图3–31

（3）用瓦楞纸做的围墙。

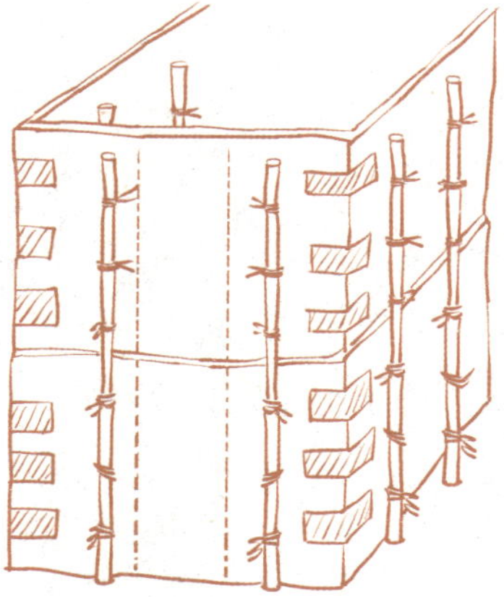

图3-32

4. 使用后恢复原状。

（1）将做成厕所的材料拆卸。

（2）将可燃烧部分的污秽物品燃烧后，埋入洞内。

（3）确保用户将洞穴掩埋完毕后，踏平土堆。

（4）放置石头或插上树枝于洞穴上方，以防再次挖开。

第四章　行

徒步健行是最亲近大自然的一项活动，是营地教育重要的活动内容之一，不仅强健身体、锻炼意志，还能欣赏美景、学习知识。

➡ 健行是指亲近大自然，漫步山野间的当日往返徒步旅行

1. 健行的分类。

（1）以学习为目的。

①观察自然健行：走近大自然，在大自然中印证学校里学到的知识，有助于提高学习兴趣。

②赏鸟健行：使用望远镜观察自然界的鸟类活动，探索并发现身边的自然之美。

③采集健行：采集昆虫、植物或岩石标本。通过采集活动，了解大自然的奥秘。

④天文健行：通过观察星象掌握辨别方位的方法，了解星球运动的基本规律。

⑤历史健行：寻访古迹，培养、增强对历史的爱好兴趣。

⑥参观健行：观赏大自然的美丽景色及人文景观。

⑦探险健行：到不常去的地方探索。

⑧公益健行：以清理垃圾、保护环境或帮助他人为目的的健行。

（2）以健康和兴趣为目的。

①森林浴：在氧气新鲜、充裕的森林中自由呼吸。

②自行车健行：以自行车作为代步工具（请注意安全）。

③摄影健行：沿途拍摄风景或动物。

④低海拔登山运动：海拔 3000 米以下。

（3）以训练为目的。

①学习并实践如何使用地图、指南针。

②练习、使用旗语进行联络通讯。

③挑战性训练，练习突破障碍前进。

④救援训练，练习求救及急救。

⑤根据留下的信号，追踪并追赶先发部队。

⑥在保证安全的前提下，在风雨气候环境下健行，锻炼环境适应能力。

⑦在夜间健行，加强夜间行动能力的训练。

⑧通关健行，通过各种考验关口。

⑨解读密件信号，依解读后的提示前进。

⑩长距离耐力健行，锻炼耐力，培养计划统筹能力。

2. 健行装备清单（个人）。

（1）服装：穿着当季的服装，若是户外环境，应着长袖衣和长裤。

（2）备用衣物：准备一套适合当季的衣物，便于汗湿和淋雨时替换，或在气候变冷时添加。

（3）雨具：准备简单的雨衣或折叠式雨伞。

（4）食物：依个人喜好准备方便食品、点心、巧克力、饮用水等。

（5）观察学习用具：根据活动种类的不同，配备照相机、望远镜、放大镜、笔记用品、素描本等。

（6）急救药品：依自身情况配备。

（7）通讯工具：手机、哨笛。

（8）导航工具：地图、指南针等。

（9）其他：现金、身份证、备用电池等。

温馨提示 以上物品可合理装在一个20升左右的户外小包中。户外小包一定要有腰带！需正确的使用腰带，才能使背负者轻松、持久地健行。

3. 健行装备清单（组织方）。

（1）通讯工具：手机、手持电台、扩音器、旗子等。

（2）导航工具：地图、指南针、GPS等。

（3）急救药品：肠胃药、止痛药、止血药、消炎药、解毒（食物中毒）药、蚊虫叮咬药膏、消毒药水、绷带、脱脂棉、创可贴等。

徒步是最自然健康的健身方式

根据穿越区域的不同而进行徒步：城郊、乡村、山地、丛林、峡谷、平原、山岭、草地、环湖、江河、长城、古道、沙漠戈壁、雪原冰川等。

根据距离的不同，15 公里内称为短距离徒步，15 公里—30 公里称为中距离徒步，30 公里以上称为长距离徒步。

1. 徒步过夜装备清单（个人）。

（1）服装：穿着适合当季的服装，最好是户外品牌的服装。如果没有，尽量选择透气性好、易排汗的运动类服装。准备太阳镜及头巾。

（2）备用服装：选 1—2 套适合当季的备用衣物，方便替换或寒冷时添加。请携带救生毯！

（3）雨具：最好备有冲锋衣裤。若没有，须备好雨衣及背包防雨罩，以防下雨。

（4）露营装备：防潮垫、睡袋。如个人成行，还需携带帐篷。

（5）食物：根据活动天数计算好野炊吃饭的顿数，减去可得到补给的吃饭顿数，就是小伙伴们所需携带的食物总量。携带的食物应该容易处理，不易腐烂，营养搭配合理。请区分早餐、午餐、晚餐的差异。除正餐以外，应携带一些可随时补充能量和糖分的食品，比如牛肉干、巧克力、葡萄干等。应携带少部分压缩干粮，万一行程及时间拉长，还可为身体补充能量。根据天气、个人体质的不同，每人每天约消耗 2 升水—3 升水，若所到之处水源得不到补充，还需计算好并携带足够的饮用水。

（6）餐具：个人用的碗、筷子、勺子等。

（7）炉具及炊具：如个人成行，须携带所需全套炉具、炊具及调味品。

（8）照明器具：头灯，注意保证电量充足及准备备用电池。

（9）急救用品：常备药及其他，依自身情况配备。

（10）洗漱用品：牙膏、牙刷、毛巾、卫生纸、湿纸巾等。

（11）通讯工具：手机、哨笛。

（12）导航工具：地图、指南针等。

（13）其他：现金、身份证、备用电池、垃圾袋等。

2. 徒步过夜装备清单（组织方）。

（1）露营装备：帐篷。由于帐篷可以合住，无须每人携带，可小组内协商解决。

（2）炉具及炊具：做饭所需的炉具、炊具以及调味品，无须个人携带，可小组内协商解决，分头携带。

（3）急救用品：感冒药、退烧药、肠胃药、止痛药、止咳药、止血药、解毒（食物中毒）药、消毒药水、脱脂棉、绷带、创可贴、针线盒等。

（4）通讯工具：手机、手持电台。

（5）导航工具：地图、指南针、GPS 等。

（6）紧急救援方案：明确回程时间及行程路线，出发前告知组织方大本营。在行进过程中，定时与大本营取得联系。大本营事先做好紧急预备方案，若有意外，及时组织救援。

➡ 登山杖的知识

正确使用登山杖，不仅能保护膝盖，节省体能，还能保障行进中的安全，十分重要。

1. 登山杖结构示意图。

①云台：某些登山杖有配备，并提供用来连接照相机的常用标准配件，可使登山杖作为摄影时的独脚架使用，增强稳定性。

②腕带：根据使用者手的大小，可调节腕带的长短。腕带是手与登山杖的连接点，合理使用可减轻手的疲劳度，也可减少登山杖脱离控制的可能。

③手柄：一般情况下，手掌虚握手柄，主要依靠腕带对登山杖产生控制。好的手柄柔软、舒适、耐用，还有一定的吸汗功能。

④登山杖的第一节：是登山杖直径最大的一节，除了提供支撑力以外，还负责收入登山杖的第二节和第三节。

⑤登山杖的第二节：除了提供支撑力和收入登山杖的第三节以外，还是登山杖第一节与第三节的连接部分。

⑥登山杖的第三节：除了提供支撑力以外，还是杖尖等配件的连接部分。

⑦锁定系统：在登山杖调节到合适长度后，用来锁定或解开登山杖第二节或第三节。

⑧尺寸刻度：方便使用者调节登山杖的长度，使用者可根据身高需求及不同地形的需求来调节登山杖的合适长度。一般登山杖可调节的长度为 60 厘米到 135 厘米之间。

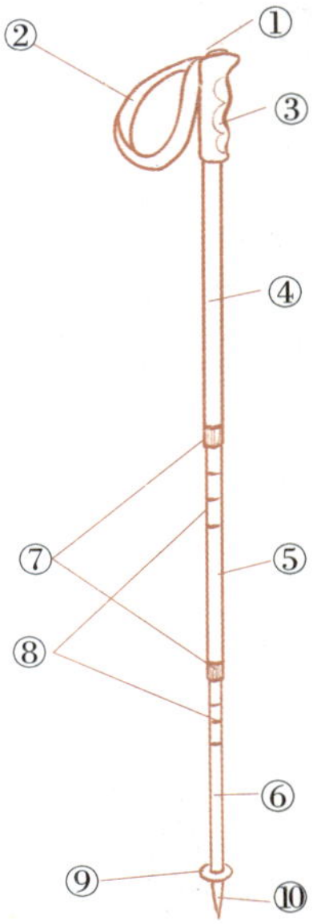

图4-1

⑨阻泥板：为了防止登山杖陷入软土、烂泥、碎石、岩缝之中而设置的圆形配件。若是在雪地里行走，可换装为面积更大的阻雪板。

⑩杖尖：一般为钨锰合金或高硬度碳化等材料制成，类似于金刚石的硬度，以此来克服杖尖与地面长期高强度摩擦而带来的损坏。注意：由于杖尖的高硬度与形状，有可能会带来某些攻击，产生不安全因素，所以请小伙伴们保存好杖尖保护套，在不使用登山杖时，将其套在登山杖杖尖上。

2. 登山杖长度的调节。

（1）平地：在平地上站定，手持登山杖，手臂自然下垂，抬起前臂，使前臂与地面平行，与上臂成 90 度直角，杖尖下垂与地面接触。这时登山杖的长度就是合适在平地上使用的长度，将登山杖的各节锁紧，再将另一只登山杖对比已调好的登山杖，调整到相同长度锁紧即可。

（2）坡度较大的上坡：根据坡度的大小，将两根登山杖适当调短并锁紧。

（3）下坡：根据坡度的大小，将两根登山杖适当调长并锁紧。

（4）请注意：在调整登山杖时，先将登山杖的第三节调至显示的最大调整长度（也就是靠近每节顶端 STOP 刻度的位置，不可超过，否则会损坏登山杖的锁定系统）并锁紧，然后再调节中间一节的长度至适合位置锁定。

3. 腕带的使用。

（1）将手从腕带下方穿入。

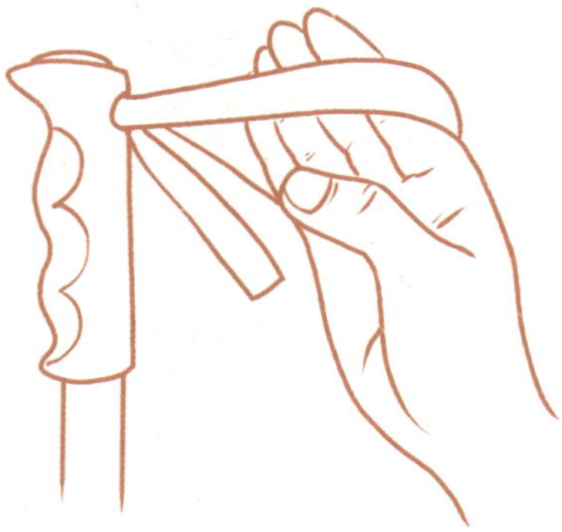

图4–2

（2）将腕带压在手掌之中。

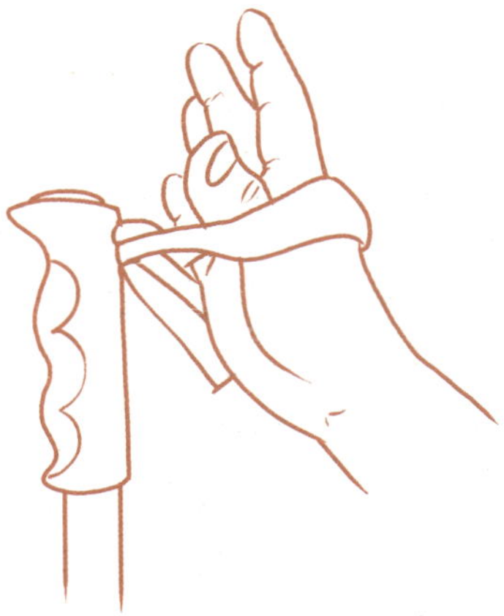

图4-3

（3）调整腕带至合适长度，手虚握登山杖手柄即可。当手臂向登山杖施力时，是通过承力的腕带传送，而不是通过手掌紧握手柄传送。

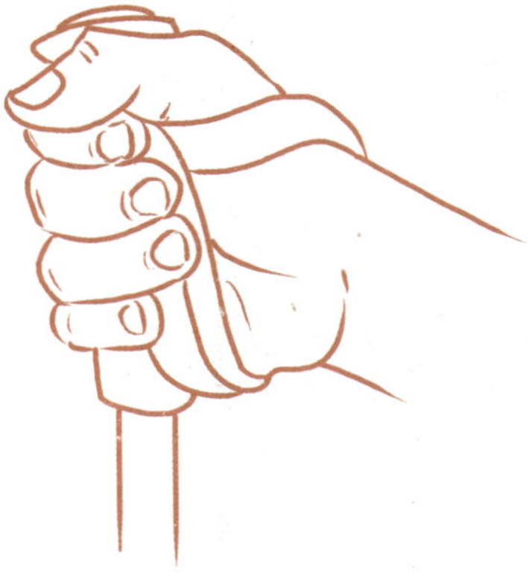

图4-4

4. 不同地形环境下登山杖的使用方法。

（1）平地。

杖尖在地面上的落点在身体稍后的位置，配合双臂的自然甩动并用力，登山杖与手臂的配合会对小伙伴产生向前的推力。

图4-5

（2）上坡。

在较平缓的山坡，可采用平地的用法。而在陡坡时，杖尖的落点应在身体的前方，通过手臂与登山杖的配合，将身体向上牵引，可减缓腿部疲劳。

图4-6

（3）下坡。

此时需在迈步前将登山杖插在身体前方，然后迈步时利用登山杖来缓冲身体对腿部的压力，这样才能有效地保护膝盖，减缓身体向下的冲力，并帮助控制速度，保持身体平衡。

图4-7

（4）斜坡横切。

若是路段很长，应该配合地形，将两根登山杖的长度分别调整。

图4-8

温馨提示 在行进过程中，请养成良好习惯，不要将杖尖抬得过高，以免伤人。

5. 登山杖的其他用法。

（1）过小溪时可平衡身体。

（2）使用登山杖打草探路，了解是否有蛇出没，实现预警防范。

（3）在没有树木的地方，与防风绳配合做晾衣架。

（4）在搭建 A 塔或 B 塔帐篷时做帐杆等。

6. 登山杖的保养与维护。

（1）在徒步过程中，若登山杖暂不使用，请不要随意扔在路上。可以扎立在土里或倚靠在树旁，这样可以防止无意中被踩坏。

（2）徒步活动结束后，回到家中应清洁登山杖，可将登山杖每节取出用干布擦拭，去除沙土和水分。

（3）每次使用后应检查锁紧装置是否完好。

生活指数：★★★★★

生存指数：★★★★

个人指数：★★★★★

➡ 头灯的使用方法

顾名思义，头灯就是戴在头上的灯，是从矿工的矿灯发展而来的，是一种能解放双手的户外照明工具。在夜晚徒步时使用其他照明工具，比如手电，就会占用一只该握登山杖的手；在双手需要操作的时候，使用手电就会带来很大的不便。

请注意：如果在夜间的山路行动，没有光源会产生致命性的危险，比如滑坠！

1. 在夜间徒步时，头灯需提供足够亮度，用以分辨清楚脚下的路，避免不必要的风险。

2. 新购买的头灯，需要提前仔细阅读说明书，否则在实际操作时很有可能不能完全掌握如何切换挡。

3. 头灯需要有较强的续航能力。现在的头灯在不同亮度的挡位下，一般都能用几十个小时，甚至上百个小时。

4. 头灯需要一定的防水功能，以防下雨。

5. 若单独露营，需要携带第二光源，以防第一光源出现问题。

6. 若在寒冷的气候下使用，低温下电池的续航能力会大打折扣，最好使用可分离的电池盒，将电池盒揣在怀里。

生活指数：★★★★★

生存指数：★★★★★

个人指数：★★★★

➡ 户外背包的常识

在户外，背包就是移动的家，我们所携带的装备，都会放在背包内或外挂在背包上。了解背包，会使我们的活动更加轻松，更加安全方便。

1. 背包的分类。

（1）按大小分：

① 小型背包：30 升以内，适合简单的一日不过夜活动。

②中型背包：30 升—45 升，适合携带较多技术装备时的不过夜活动，或简单的一日一夜活动。

③大型背包：45 升以上，适合携带较多物资时的一日一夜活动，或多日的活动。

（2）按用途分：

① 徒步背包：适合徒步穿越或低海拔登山（3000 米以下）使用。

②登山背包：适合高海拔登山（3000 米以上）使用。

③ 技术背包：适合攀岩、攀冰、速降等活动。

2. 选购背包的注意事项。

（1）按活动所需容量的大小购买，以免造成浪费。

（2）尽量选择分男女款的背包。

（3）按照身材比例选择背包的大、中、小号。背包背负系统的长度，要与使用者的背部长度相符。观察重心调节带是否合适，重心调节带最佳角度是放松时与水平呈 30 度夹角左右，若角度太大或太小，则说明此包的背长与试用人不符，偏长或偏短，需要调整。

（4）背包的腰带在自己腰上一定能够收紧。

（5）若背包没有配备防雨罩，请于购买时同步购配一个符合背包大小的防雨罩。

3. 大型背包各部件的使用说明。

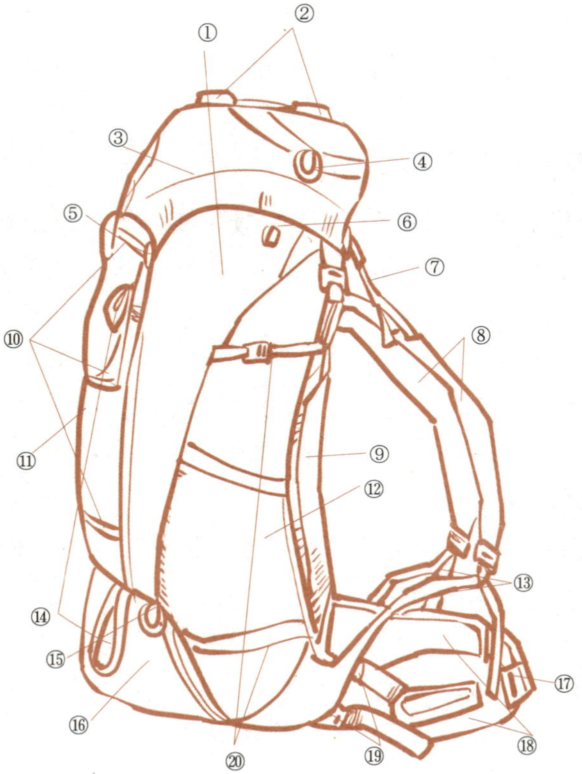

图4-9

①背包主仓：是背包中体积最大的一个仓，用来装填不太常用和体积较大的装备。

②头包外挂点：一般在四个以上，当背包体积不够用的情况下，在外挂点上拴上绳子或安装织带，可以将需要外挂的装备固定在外挂点上。

③头包：一般用来放常用的小物件，方便存取。有些背包的头包可拆下，作为腰包单独使用，这是非常贴心实用的设计。

④头包拉链：一般采用质量好的YKK拉链，保证多次使用而不易损坏。最实用的拉链头是环形的，方便带手套时操作。

⑤头包与主仓连接的扣件与织带：户外背包的扣件，一般会采用多耐福（Duraflex）品牌的扣件，以确保质量。

⑥水囊管出口：将水囊管从此穿出，用水管夹固定在肩带上。

⑦重心调节带：左右各一条，通过扣件调节此带的长短，即可调节背包重心是贴近身体还是远

离身体。

⑧肩带：左右各一条，肩带会负担部分背包重量，加上肩带上附着的胸带，可加强背包在小伙伴们背部的稳定性。某些背包的肩带除了分大小号以外，还分男女款，女款的肩带设计巧妙，会避开女性的胸部，以免造成压迫。

⑨背负系统：是背包最重要的组成部分，它负责承受背包的全部重量，并将重量顺利地传递至背包的腰带。由于背部很容易出汗，背负系统还需有良好的透气性。在徒步过程中，背负系统会不停地与小伙伴的背部产生摩擦，因此背负系统必须结实耐用。另外，好的背负系统也分尺码，配置时一定要考虑是否与自身的背长相符。

⑩正面拘束带：在装包时，拘束带须处于全部放松状态；在装包结束后，拘束带须收紧；这样不但能保持背包的形状，更重要的是能保证装备物品不在背包里晃动。拘束带也可用来外挂装备，比如滑雪用的单板。

⑪袋鼠仓：一般放轻且方便存取的物品，根据多年的户外经验，笔者推荐在这里放地布和救生毯。

⑫侧袋：左右各一个，可用来放瓶装水或方便存取的物品。

⑬肩带调节带：左右各一条，方便随时用来调节肩带的长短，可使肩部得到休息。

⑭装备环：在背包正面，左右两边上下各一个，一共四个。通过上下环的配合，可以外挂登山杖或冰镐。

⑮睡袋仓拉链：方便从包的底部单独存取睡袋，在旅行住店时使用非常方便。

⑯睡袋仓：一般用来存放睡袋。

⑰腰带主扣件：用来收紧或放松腰带。

⑱腰带：背包双肩背好后，将腰带完美包裹髋骨，然后用腰带扣件收紧腰带。此时背包的大部分重量甚至全部重量，都将放在腰带上。若非如此，小伙伴们的徒步之旅将很难坚持。由于男性与女性腰部体征有差异，所以好的背包设计中腰带也分男女款。

⑲腰带调节扣件：在腰带主扣件未收紧之前，此扣件应处于放松状态，这样可使腰带完美贴合于髋部。当主扣件收紧之后，应将调节扣件也收紧，这样才能将背包内的重量通过背负系统，顺利地传递给腰带，从而作用在小伙伴的腰部。

⑳侧面拘束带：背包左右两侧上下各一条，一共四条。在装包前需处于放松状态，而装包后要收紧，起到稳定背包内装备的作用。上下拘束带的配合也可作为外挂带使用，比如外挂滑雪的双板。

生活指数：★★★★★

生存指数：★★★★★

个人指数：★★★★★

4. 装填背包的原则。

（1）背包整体重量不要超过自身体重的30%，否则走路时重心很难把控。当然在满足使用需要的情况下，背包越轻越好，除了安全问题，对膝盖也有良好的保护。

（2）背包中的物品，建议使用模块化装包的方法。大的物品最好使用压缩袋，小的物品最好先分类放置在与背包宽度相仿的防水袋、杂物袋、衣服方包中之后再进行装包，这样装填好的背包左右重量基本一致，在寻找物品时也会非常方便。

① 睡袋最好使用防水压缩袋装包，这可以保证任何时候睡袋都是干燥的，即便发生掉入水中的情况。若没有防水压缩袋，也可用塑料袋包裹，但这样的处理方法既不保险，也不环保。

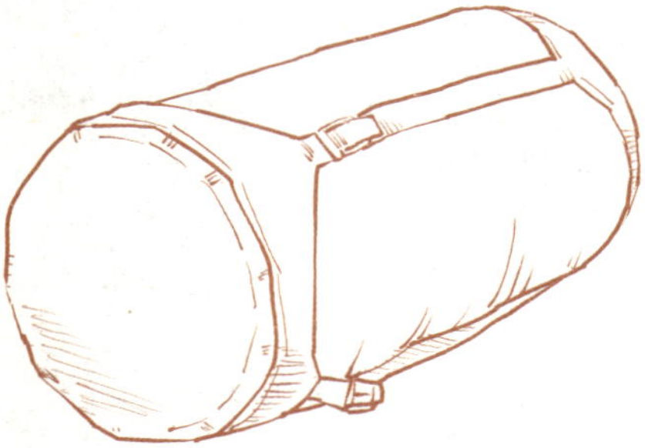

生活指数：★★★★★
生存指数：★★★
个人指数：★★★★

图4–10

② 衣服方包实在太方便了，不仅找衣物简单快捷，还会给户外生活带来许多便利。笔者推荐一个实用的小窍门，可在衣服方包上包裹抓绒衣，睡觉时做成非常舒适的枕头。

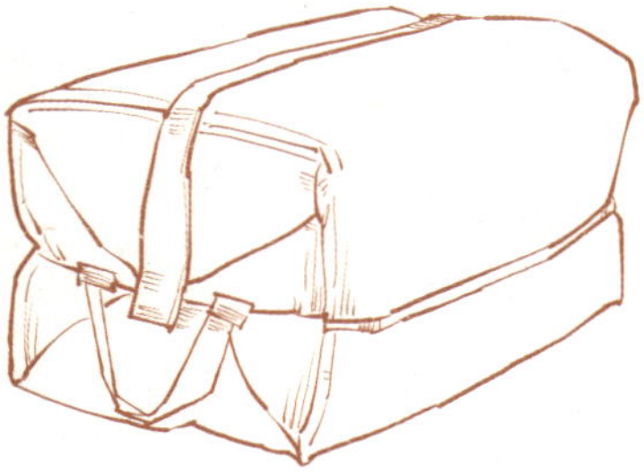

生活指数：★★★★★
生存指数：★
个人指数：★★★

图4–11

（3）把帐篷中的帐杆单独取出，这时帐篷就可以横放在背包里。放好帐篷后，再将帐杆竖插在背包内的边缘处。

（4）装填背包时遵循“上重下轻”的原则。靠近身体的一侧重，远离身体的一侧轻。装包时尽量注意轻、重物品在包中的位置，但并不一定需要非常精确。

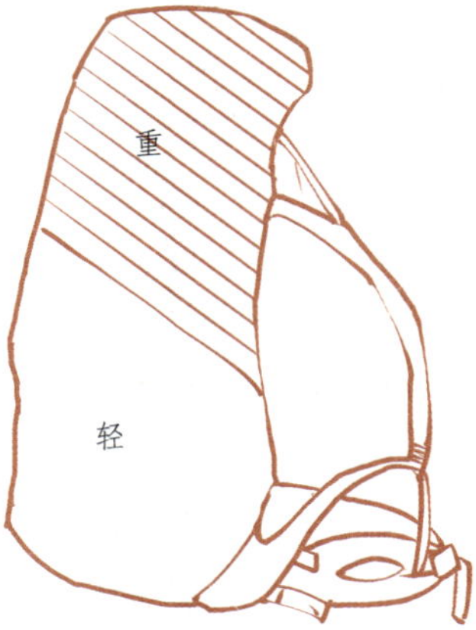

图4-12

（5）需要常用的物品放在容易拿取的位置。

（6）尽可能减少外挂装备。事实上外挂装备并不安全，除了会使通过能力变差之外，还容易引起装备的损坏。

（7）笔者自用装包方法示意图，强烈推荐！

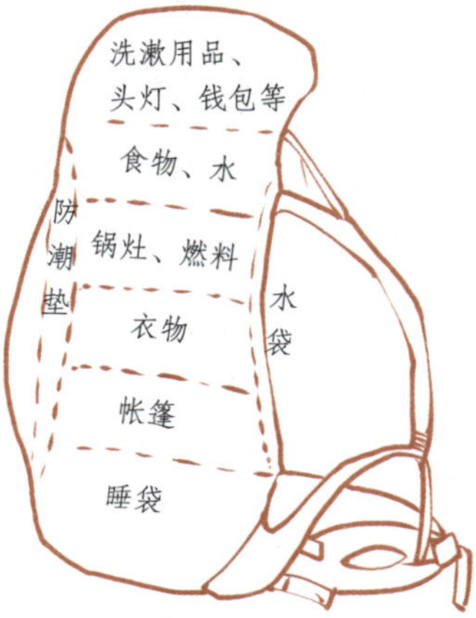

图4-13

5. 徒步中使用背包的流程及注意事项。

（1）一人使用大型背包时上包和下包的方法。

① 双手提起背包，将背包底部坐在弓箭步的大腿上；左手扶包，右手从背包右侧肩带穿入，右手掌心托住背包底部。

图4–14

② 起身站立的同时，身体和手部同时用力，将背包右肩带上于右肩上，然后左手从左肩带穿入，再将左肩带上于左肩上。

图4–15

③ 依次收紧并调整腰带主扣件、腰带调节扣件、肩带、胸带、重心调节带，使背包能尽量舒适地与身体贴合。请注意上述调节顺序！此时背包大部分重量应在腰带上。

图4–16

④ 下包时逆向操作即可。

（2）腰带一定是包住髋骨并收紧的，过高会影响呼吸，过低则会影响走路。

（3）调整左右肩带，一般情况下肩部的受力承重占整个背包重量的 20% 左右。

（4）调节左右重心调节带，一般上山时需收紧，使背包重量贴近身体，下山时可适当放松。

（5）徒步过程中，背包的调节带需经常调节，使身体舒适能坚持更长的时间。

（6）一般背包不防雨，下雨时需使用防雨罩，或使用人包连体雨衣。

6. 背包的清洁与保养。

（1）背包打湿后需尽快晾干，因为大多数背包的面料会有 PU 涂层（PU 涂层不透气但防水）。由于背包的缝线部分并没有压胶处理，所以背包只有一定的防泼水功能，并不完全防水。如背包长时间处于潮湿状态下，PU 涂层就会脱落。

（2）由于 PU 涂层不耐潮，背包也不建议大面积清洗，尤其应避免使用非中性洗涤剂。若背包表面只是尘土，可用半干毛巾拍打、擦拭，随后阴干。若污染严重，请用中性洗涤剂局部清洗，并尽快阴干。

（3）装包时尽量使用质量好的防水袋，防止背包内被漏出的液体或食物污染。

（4）背包不使用时应选择阴凉处存放。

（5）托运背包时请使用背包托运袋，避免背包与硬物反复多次直接摩擦而损坏，同时保持清洁。

生活指数：★★★★★

生存指数：★★★★★

个人指数：★★★★★

户外徒步安全的黄金法则

户外环境复杂多变，即使走同一条线路，每次遇到的情况也不会完全相同，所以经验和判断非常重要。许多事故甚至发生在有丰富经验的户外爱好者身上，只因他们忽视了徒步安全的黄金法则，对周边环境及自身能力产生了错误的判断，从而发生悲剧，令人惋惜。在开展营地教育时，我们需要学习徒步法则并用于实践，这样可以最大限度地降低风险。

➡ 法则一：人和装备不分家原则

装备在很大程度上可以保障小伙伴们的人身安全，避免失温、失去联络、看不清路、无法补给等情况的发生。因此，如无特殊情况，我们不建议分担背负他人的装备。

➡ 法则二：原地等待原则（适用于青少年及户外经验较少的小伙伴）

如不幸发生走失或迷路的情况，导致与大队伍失散，在保证自身安全的情况下，可使用哨笛、头灯、手机等工具积极联络，并尽量于原地等待救援，以免错失前来寻找搜救的伙伴，从而增加救援的难度。

➡ 安全徒步的注意事项

1. 列队的方法。

一般徒步队伍的带队者为副领队；经验丰富的领队要处理各种情况，所以通常负责收尾；户外活动经验较少的小伙伴则通常列队在中间。

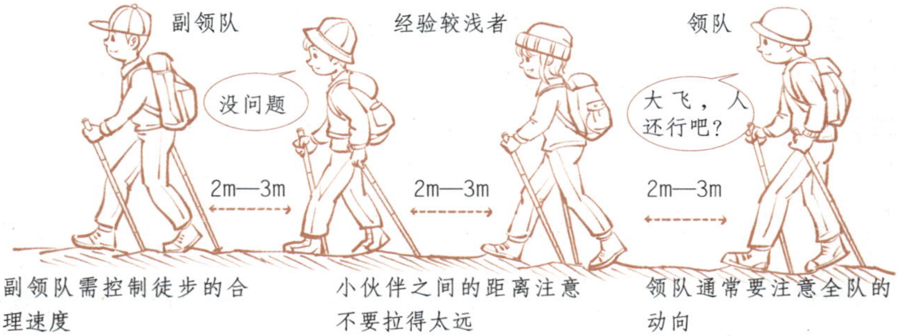

图4–17

2. 列队徒步时的注意事项。

（1）小伙伴们应保持适当的距离。靠得太近，如果路上有树枝，后者容易被前者经过后回弹的树枝伤到；离得太远，又容易走错路，与前队失散。

（2）单独行动最容易迷路，所以应避免一人独自行动。

（3）交谈容易分神，应避免多说话，特别是在复杂地形时。

（4）问路时小伙伴们要一起聆听，以免忘记或听错。

（5）若有小伙伴临时需要上厕所，应留人等待，避免迷路。

3. 如何节省体力。

（1）徒步前做热身运动，活动脚部、腰部、背部、头部、手腕。

（2）检查背包，不要携带不需要的物品。

（3）系好鞋带，避免脱开。推荐使用鞋带调节器，如百可思鞋带扣，操作简单，功能强大。

（4）徒步 30 分钟后，休息 5 分钟。在休息的时候，调整衣物的厚薄。

（5）在徒步过程中，不要憋尿，这样会消耗体力，尽量在休息时解决问题。

（6）每徒步 50 分钟，休息 5 分钟。

（7）每三次休息中，要有一次充分的休息，约 10 分钟。

温馨提示 休息时需避开危险区域。

（8）在卸下背包休息时，应将背包放在平地上。时常有小伙伴不经意将背包放在了坡上，结果背包滚下去了，这可不是个笑话，所以要多加留心哦。

（9）风景好的地方可作为临时休息站，观赏美丽的风景真的有助于消除疲劳。

（10）小伙伴们要记得经常补水，不要一次饮用太多。

（11）尽可能不要走错路或迷路。

（12）休息结束后和再次出发前，要检查有无遗落的物品。

➡ 不同地形环境下的徒步方法

大多数情况下正确使用登山杖，能很大程度提高徒步的安全。若没有带登山杖，则需要更小心地应对。

1. 上坡：采取半弯身体的方式上坡，步伐宜小，而且重心要放在前脚。此时，背包的重心调节带需要收紧，使重心靠近身体，避免向后倾斜。

2. 下坡：登山的意外事故大多发生在下坡，此时登山杖的作用尤其重要。下坡时视线要看脚下，重心高度要放低，重心位置放于后脚，步伐放小。

3. 碎石：避开踩踏碎石，步幅不宜太大，因为容易踩到碎石滑倒。鞋底与地面的接触面积越大，摩擦力就越大，也就更加安全。

4. 树林：要留意头顶上的树枝，以免撞到头部。避免踩踏树根，潮湿的树根非常滑，踩到容易跌倒。森林里容易迷路，应随时留意周围的标志与记号。

5. 草丛：穿越大草丛或灌木丛时，很容易迷失方向或受伤。

（1）先提前定一个地标，然后再前进，才不至于迷路发生危险。

（2）衣服口袋应拉好拉链，或将物品全部放到背包里。这样比较安全，也可防止物品丢失。

（3）为了避免草丛或灌木扎伤，除了长衣长裤外，还应带上头巾保护头部。若没有，可用毛巾围住脸颊和脖子，以防耳朵及脸部受伤。双手还需要戴手套保护。

（4）领队可在登山杖或木棒上端绑上旗子或手帕，方便与小伙伴们随时保持联络，避免走失。

（5）注意草丛中的断木、石头、地洞等障碍物。

6. 山岩：山岩的攀登需要一些技巧。

（1）攀登山岩时使用三点支撑法：将两脚配一手或两手配一脚作为支撑点，依次用另一只手或脚移动。

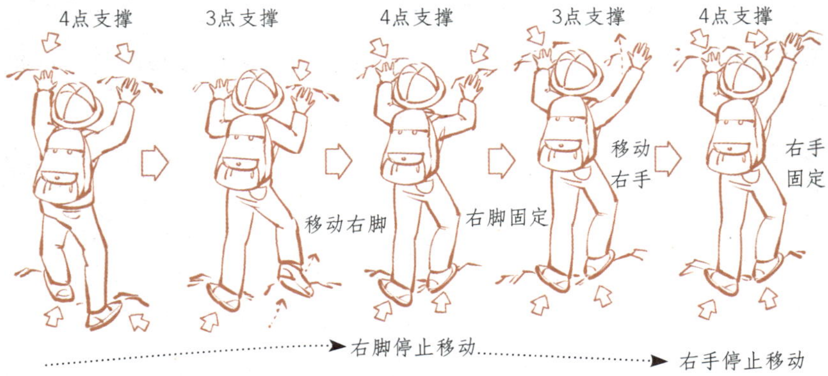

图4–18

（2）下山岩时除了使用三点支撑法以外，还需要注意从左右肩后方看准落脚点。

图4–19

（3）不太陡峭的山岩可以如此向下爬，视线会好很多。

图4–20

（4）在攀爬过程中，避免用手抓草或枯树枝，这样极易拔断野草或折断枯枝，从而带来危险。

7. 溪流：水面颜色较浅，水也会比较浅；水面颜色较深，水也会比较深。

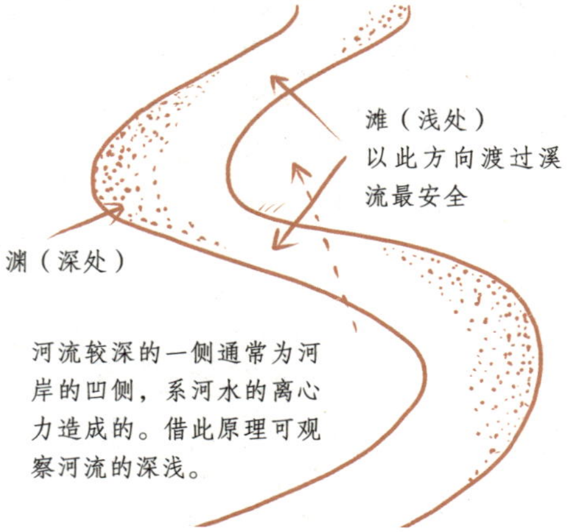

图4–21

（1）在溪水不没过鞋口时，可以穿防水登山鞋直接走过。

（2）水深时需要脱掉鞋袜过河，到河对岸再穿上。

（3）如果溪水中有供人过河的石头，把登山杖拉长至合适长度，将登山杖放进水里做支撑，这样很容易保持身体平衡，即可轻松过河。若两个石头之间距离过大时，可丢一些小石头堆积成踏脚石，稍垫一程再过河。

（4）若有独木桥，可像走钢丝一样，借由手中的长棒保持身体平衡通过。

8. 冰雪环境：注意脚下打滑，防雪防冰以防冻伤。

（1）冻结的雪面：最保险的方法是在鞋上穿戴冰爪。若一时找不到冰爪，在鞋子上绑草绳也能帮助防止滑倒。

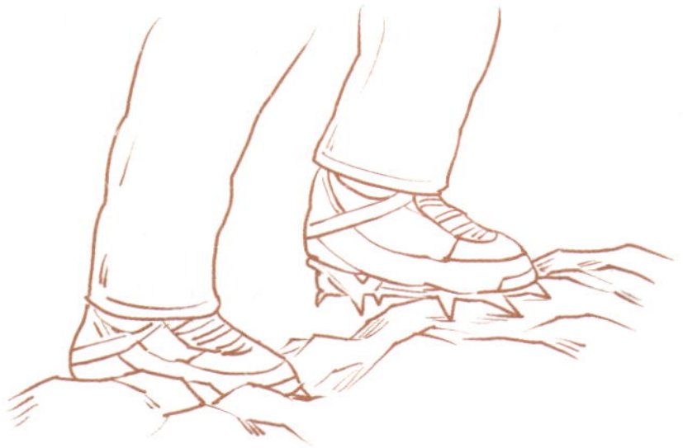

图4–22

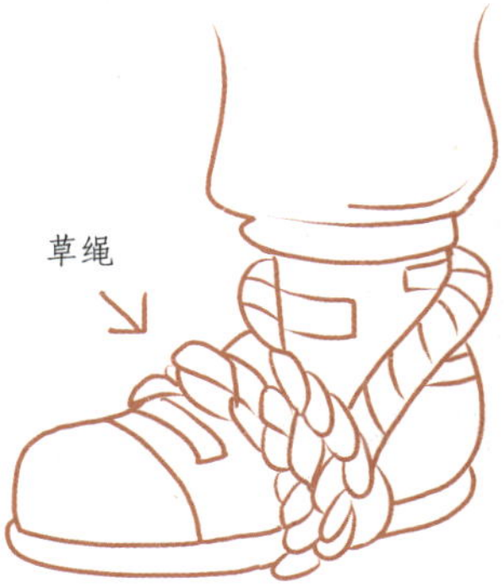

图4–23

（2）冰面：先确定冰面下的水深，如果水足够深，可能有溺水的危险，因此尽量避免在冰面上徒步。万不得已的情况下，分组后使用登山绳连接每一组，分散前行。为避免在冰面滑倒，可在鞋底绑冰爪或草绳。

（3）上雪坡：用前脚脚尖在雪坡上踢出雪坑，然后以爬楼梯的方式移动重心前行。

图4–24

（4）下雪坡：用前脚脚跟踏出雪坑，以下楼梯的方式移动重心。

图4–25

（5）积雪深的路段：为避免积雪进入鞋内冻伤脚部，应使用雪套来阻雪。

图4–26

➡ 徒步时的礼仪

在徒步过程中，无论有没有遇到别人，都应该遵守约定俗成的礼仪规则，这反映了小伙伴们的生活态度及个人修养。

（1）下山者应礼让上山者，并先行打招呼。山路狭窄时，应靠山壁让路。

（2）队伍人数过多时，由领队和副领队代表全体打招呼即可。

（3）避免在转弯处休息或午餐，以免造成其他登山者的困扰。此时小伙伴和背包都不该挡在路上，而应放在宽敞的路边。

（4）尽量遵循已有的路行进，不要轻易踩踏新路，造成无意义的植被破坏。

（5）对于受保护的动植物，禁止采集。对于可采集的动植物，也不可超过所需量采集。

（6）离开时带走自己产生的垃圾，也尽量带走别人留下未能带走的垃圾，还大自然原有的洁净，是小伙伴们对大自然的基本尊重。

（7）上厕所时需找一个偏僻处，然后挖一个洞，如厕完毕，将排泄物掩埋。若无法深埋，应用枯草或落叶掩盖排泄物，做上标记，避免招来蚊蝇或让路人踩到。

➡ 认识路标

路标关系着小伙伴们的生命安全，是非常重要的讯息。所以千万不可任意改变或破坏路标，以免后来者误入歧途。

1. 乡村及徒步线路常有的文字路标。

（1）木牌上的路标。

图4–27

（2）石壁上的路标。

图4–28

2. 临时路标。

（1）用刀斧在树干上砍的路标。

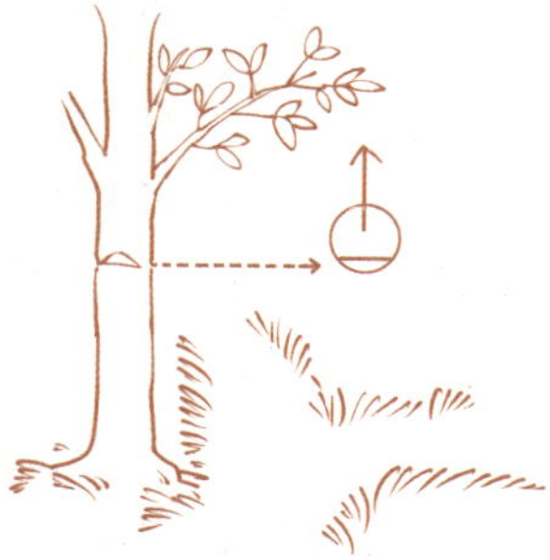

图4–29

（2）用布条做成的路标。

图4–30

3. 追踪讯号路标。

追踪迅号是探路者或向导所使用的信号，徒步登山者都需要了解并牢记。

（1）直行讯号。

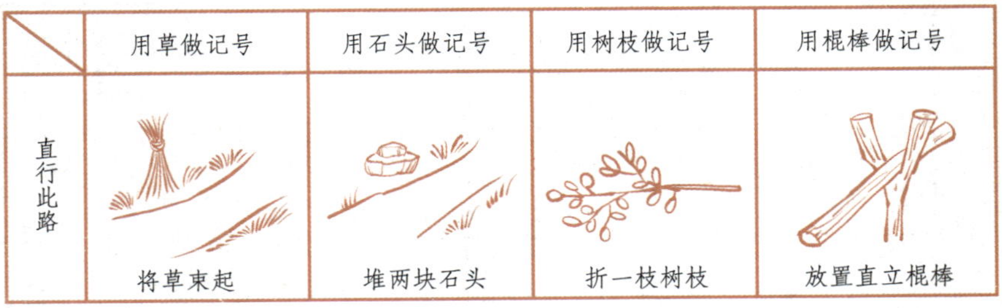

图4–31

（2）指示方向讯号。

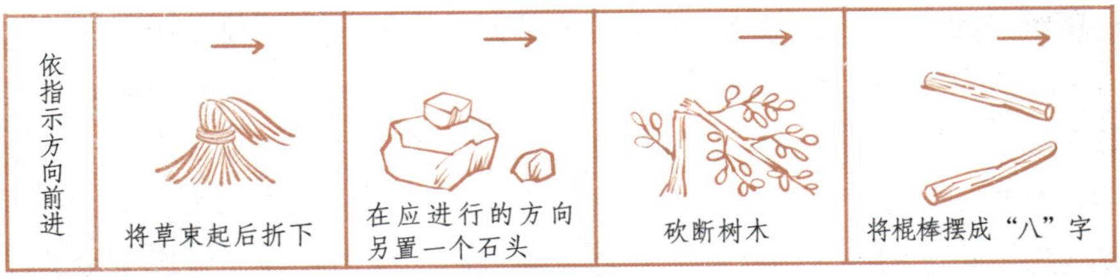

图4–32

（3）禁行信号。

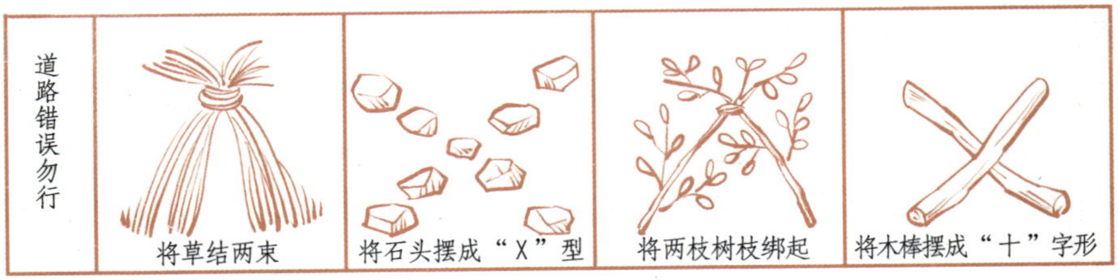

图4–33

（4）危险求救信号。

图4–34

（5）其他信号。

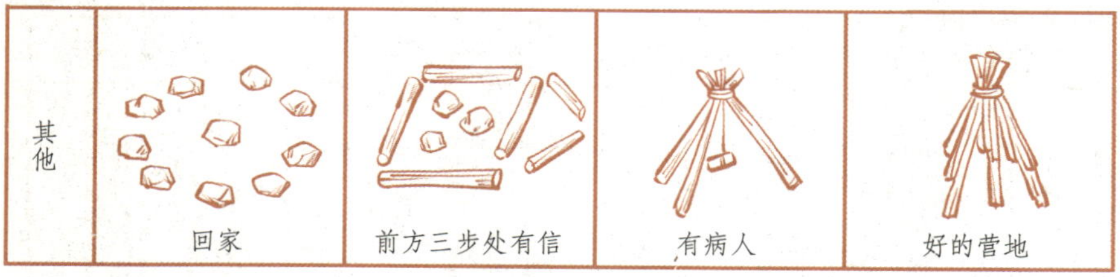

图4–35

➡ 迷路时的应急处理

在户外迷路是很危险的，但是若能掌握正确的应急处理方法，往往能化险为夷。所以我们在营地教育的学习中，需要了解迷路时应急处理最重要的原则：不要慌乱！保持正常的判断力。

1. 若与团队走散，并确定很快有救援到来，不要盲目乱走，最好在迷路处原地等待一段时间。可以每隔一段时间用哨笛呼叫同伴，如果是夜间，打开头灯的频闪功能悬挂在显眼处，等待救援。

2. 若整个团队迷路，应走回原来开始走错的道路。为了避免再次迷路，一定要在重要的路口做出明显记号。

3. 找出周围明显的地标并记牢作为认路的依据，避免选择容易混淆的地标。

4. 可以爬上高处帮助寻找正确路径。

5. 寻找经常有人经过的地方，这些地方往往留有痕迹，可在这里想法寻求援助。

6. 山谷比较容易有人居住，但下山时要注意安全。

7. 沿着溪水向下游走，就能找到有人居住的地方。

8. 如果发现岔路，那么选择下山的道路。如果都是下山的道路，选择较宽、被踩踏得较为平坦的路。

第五章　结绳法

正确的结绳技巧是户外活动中最为实用且不可或缺的技能，也是营地教育中极其重要的一课，小伙伴们快来一起练习吧！

在户外环境中，救生、打包、搭帐篷、系鞋带、晾衣服、外挂物品等许多场景，都离不开绳结的使用。正确使用绳结不仅能节省结绳、解结的时间，还能保证使用绳结时的安全，尤其是在关乎生命安全场景下绳结的使用，其重要性不言而喻。

户外绳索的知识

现在通用的登山绳索几乎都是尼龙制的编织绳，由尼龙材料制成芯，再包上尼龙材料的外皮。每一款绳索都有标签，标注着绳索的最基本数据，包括：绳索的品牌、型号、规格、类型、首次冲击力、每米重量、坠落次数、绳索长度、CE 认证[①]、UIAA 标识[②]等信息。这些数据绝对真实可靠，因为它们不是由厂家随便标出，而是经由权威认证机构检测得出后并强制标明的。

请注意：为了小伙伴自身的安全，攀岩、垂降、探洞、救援等活动中绳索的使用，一定要进行系统正规学习，在安全有保障的情况下方可实践！切忌只凭书本的学习就认为已经掌握技巧了。本篇只是列举绳索的用途和基础的结绳技巧。

图5-1

1. 登山绳索的分类。

（1）主绳。

①动力绳：多用于攀登，一般直径在 8 毫米—11 毫米，弹性系数为

---

① CE认证是一种安全性认证，只限于认证产品不危及人类、动物和货品安全方面的基本安全要求，而不是一般质量要求，因在欧盟市场“CE”标志属强制性认证标志，所以被视为制造商打开并进入欧洲市场的护照。

② UIAA是国际登山联合会的缩写。国际登山联合会1932年成立，现有60多个国家的80个协会会员。UIAA 标识是指这项产品通过 UIAA 规定的测试，并达到 UIAA 所定的标准。

6%—8%（100米动力绳在受力80公斤时可延伸6米—8米）。有弹性系数的绳索能保证攀登者在降落时得到一定的缓冲，减少失手下坠时的冲击力。动力绳在用法上还可分为：

A. 单绳：最常见的绳索类型，多用于攀登运动。

B. 双绳：由双股绳索组成。领攀者将双股绳索同时系于安全带上，两个随攀者分别将其中一股绳系于安全带上，双绳可以为攀登者带来更好的保护。

C. 对绳：领攀者和随攀者都必须将双股绳索同时系在安全带上。比起单绳，使用对绳在多阶段下降时较为方便。对绳的重量比双绳轻，但严禁单股使用。

②静力绳：多用于下降，比如探洞、救援、垂降，一般直径在9毫米—11毫米，弹性系数在2%左右（100米静力绳在受力80公斤时可延伸2米）。

（2）辅绳。

辅绳是在攀登活动中起辅助作用绳子的统称，它们在结构和外观上与主绳区别不大，但直径在2毫米—8毫米，主要用来做绳套和捆绑东西。小伙伴们在徒步、登山和营地生活中会经常用到。

温馨提示 由于登山绳在延展性、软硬程度、表皮摩擦系数等方面都与普通绳子不同，所以在练习结绳的过程中，建议直接使用登山绳练习。

➡ 学习结绳前的准备工作及基础知识

1. 准备两根不同直径的登山辅绳，长度不低于3米。处理好绳头，用火烧一下，将尼龙烤化再任其凝固，以避免绳头散开。

2. 结绳的基础知识。

（1）结绳的种类。

①打结：用一条绳子打一个绳结。

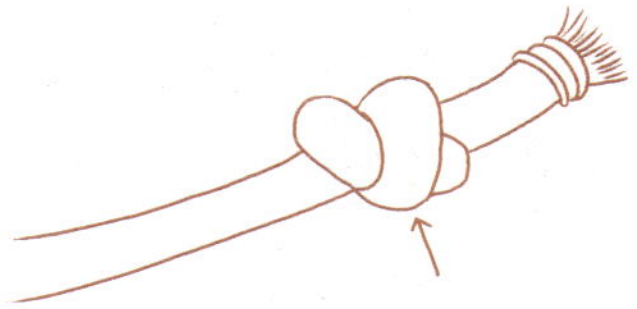

图5–2

②结系绳：将两条绳子互相系结住。

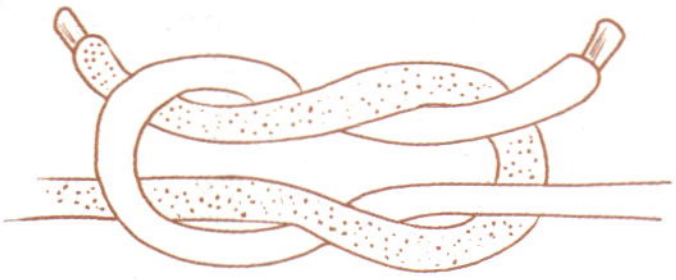

图5-3

③绑东西：用一条绳子绑住其他物体。

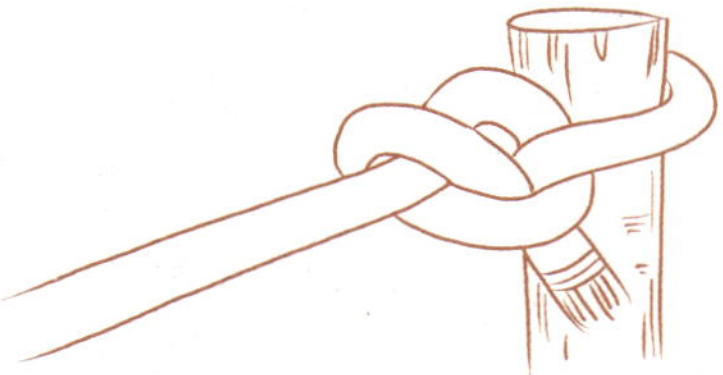

图5-4

（2）绳索的结构。

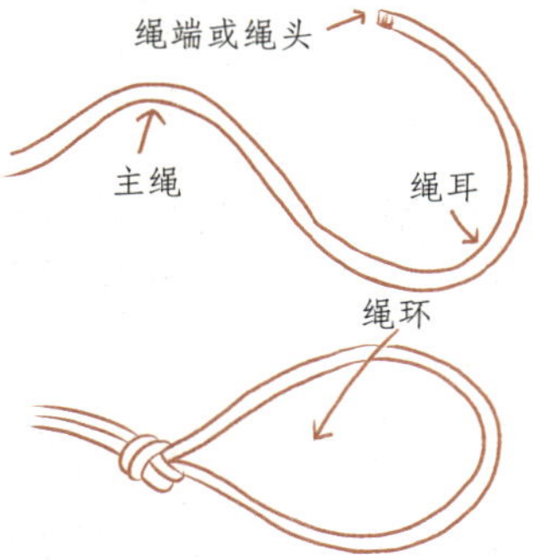

图5-5

温馨提示 牢记绳索各部位的名称，以免在称呼上引起歧义。

（3）结绳的原则。

① 在绳子短的一端打结，如果在绳的长端结绳会耗时耗力。

② 打的结要容易打开，若是不容易打开，解结时会非常麻烦。

③ 结绳时要正确且快速，特别是在突发状况时。

④ 即使是正确的打结方法，打结后也需要将绳结排列整齐并手动收紧，以避免发生错误。

⑤ 打好的结需要留足够长的绳头，以避免绳结受力时将绳结拉开。

⑥ 当承受拉力时，绳结部分是最脆弱的。绳结使得绳子折叠、弯曲和挤压，所以会造成绳索承受拉力能力的下降。

常用绳结的结绳法

国际上有上百种绳结，全部记住意义不大。在我们普通的徒步、露营及营地教育的相关活动中，常用的绳结也就 10 种左右。为了避免无意义的工作，我们在这里只展示常用绳结的结绳法。

➡ 单结及变化结

1. 单结（反手结、交腕结、拇指结）。

单结是所有绳结的基本结，是最小的结，也是最容易打的结，常用于防止滑动，或是防止绳头散开。缺点是当结打太紧或弄湿时很难解开，在结承受拉力时最容易挤伤绳索。

（1）将绳端与绳子相交，穿过绳环。

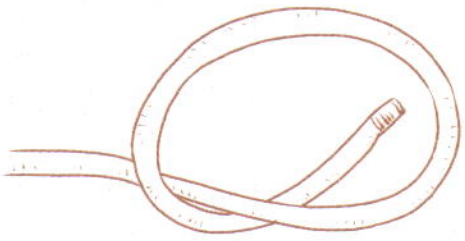

图5–6

（2）打成一个结。

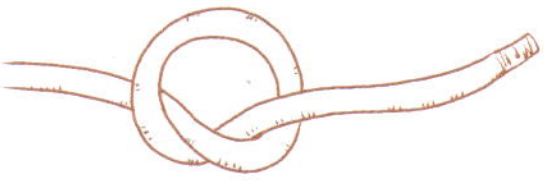

图5–7

（3）收紧结。

图5–8

2. 双重单结。

当绳子有损坏的部分我们仍然需要使用时，可以用双重单结法打出一个带圆圈的结，这样可以避免使用绳子损坏的部分。

（1）将绳子对折后，在绳端打一个单结。

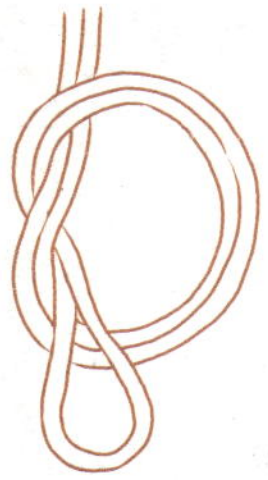

图5–9

（2）收紧结。此时绳子损坏的部分在绳环上，由于绳环无法产生施力作用，无须承重，所以我们仍然可以安心地使用绳子。

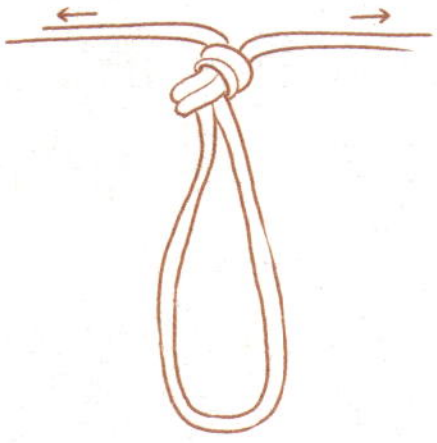

图5–10

3. 多重单结。

用在绳子的手握处，或是当绳子要抛向远处增加其重量时。

（1）打成无数个结。

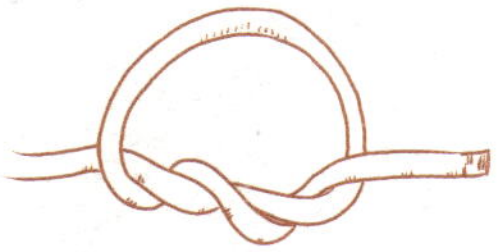

图5–11

（2）不断缠绕。

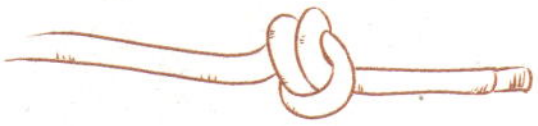

图5–12

（3）只要增加缠绕的次数，结形就会变大。

图5-13

4. 固定单结。

用在将两条同样粗细的绳子迅速连接，或是将一条绳子作成环状使用时等。

（1）将两股绳的绳端并齐然后与绳子相交，穿过绳环。

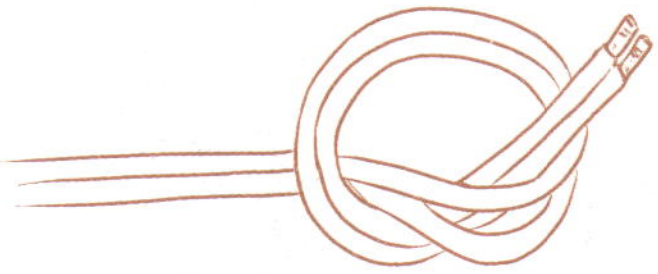
图5-14

（2）收紧结。

图5-15

5. 连续单结。

这是紧急逃脱时常使用的结，是在一条绳子上连续打好几个单结。在打结时如手法不熟练，结与结之间很难做成相等间隔。

（1）将绳头一端穿过数个主绳自身所相交形成的绳环。

图5-16

（2）从穿过的绳头一端逐次整理绳结。

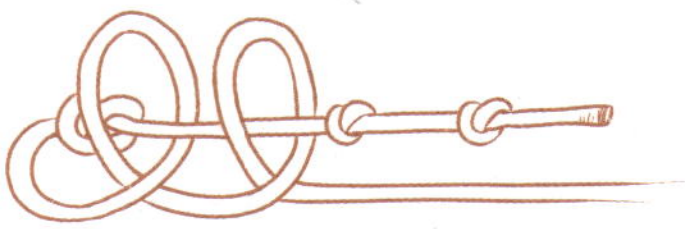
图5-17

（3）直至所有单结完成。

图5–18

6. 水结。

水结主要用来连接扁带，有时候也可用来连接同等粗细的绳子。注意：此结若需承受比较大的力时，绳头两端需要用双渔人结收尾。

（1）在一条绳子的绳端打一个单结，绳端部分要留下充分长度。

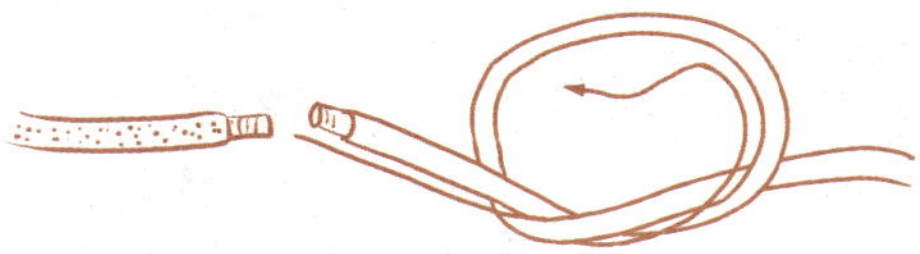

图5–19

（2）将另一条绳子的绳头，沿着单结逆向穿过。

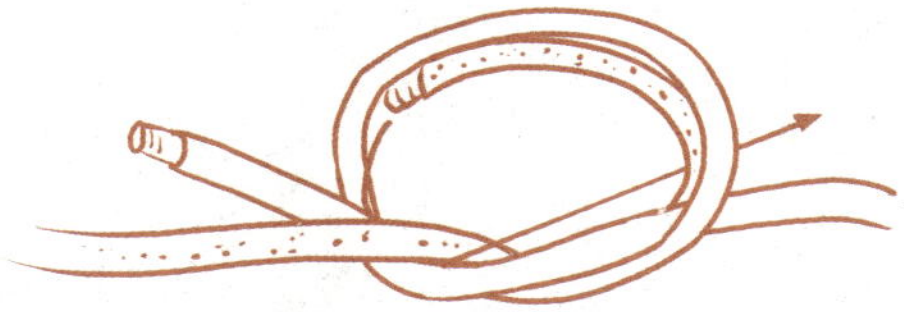

图5–20

（3）两个绳头都留到足够长度后收紧结。

图5–21

➡ 半扣结及变化结

1. 半扣结。

半扣结与单结很接近，从形状上看，差别仅是有无系住物品而已，但打法和用途却截然不同。半扣结十分简单，其功能只是把绳索套绑在柱子或树干上，耐受力非常低，稍微一拉就会散开，所以鲜少单独使用。然而以半扣结为基础变化的绳结相当多，它可以在其他绳结完成后，加在其末端，从而使整个绳结变得更牢固。

（1）把绳索套在圆柱体上。

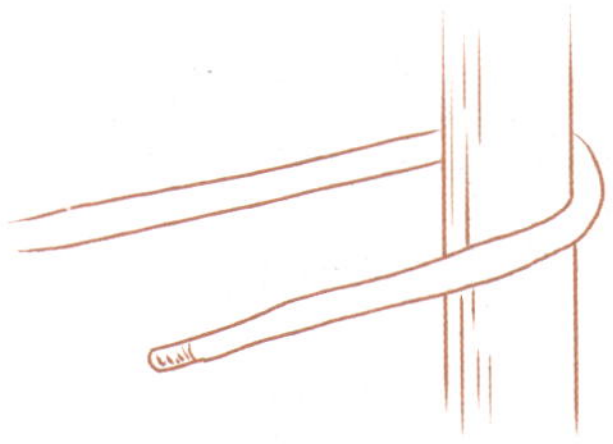

图5–22

（2）将绳头绕过绳索一圈。

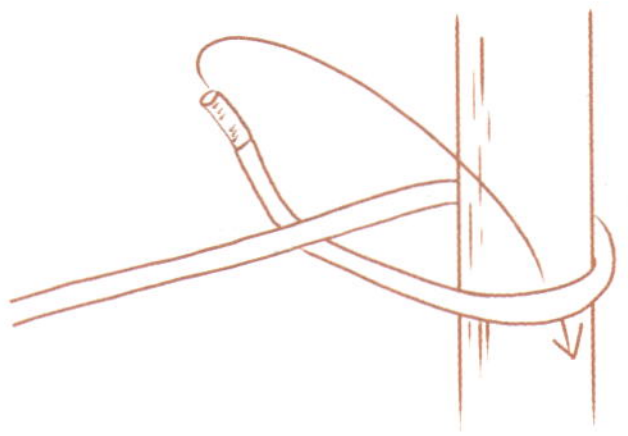

图5–23

（3）朝箭头方向穿过绳头拉紧。

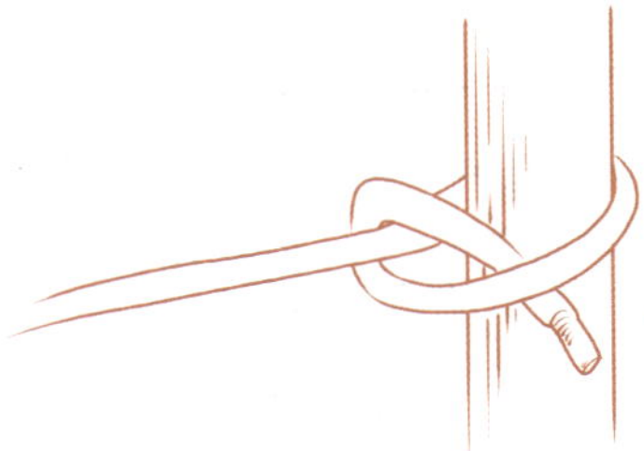

图5–24

2. 半扣结与半绳结、单结的区别。

半扣结与半绳结、单结三者之间，虽然打结方法基本相同，但有着微妙的差异。

（1）半扣结中系有物体，收紧结时只需拉紧绳索一端。

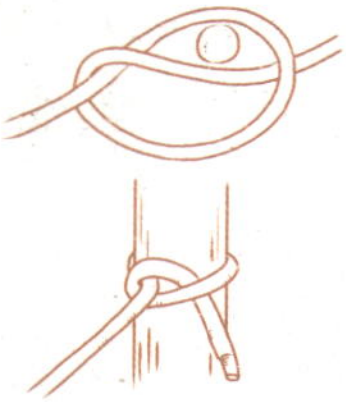

图5–25

（2）半绳结中也系有物体，但收紧结时需拉紧绳索两端，若只拉紧一端，就是半扣结了。单独的半绳结基本上没有什么用途，属于错误的绳结。

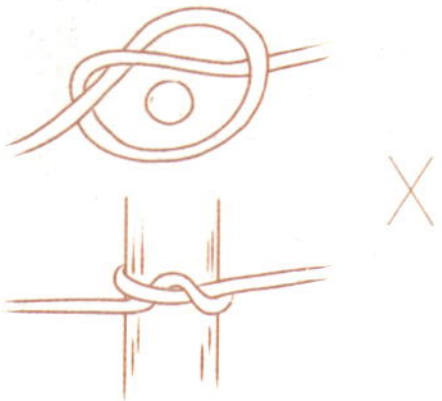

图5–26

（3）单结其实可以理解为没有系物体的半扣结。

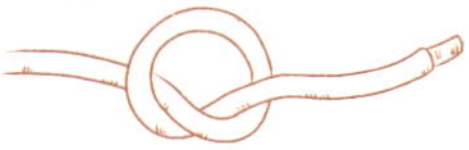

图5–27

3. 双半结。

两个半扣结加起来就是双半结。虽然半扣结经不起外力拉扯，但双半结抗拉扯的能力却非常惊人，即使把绳索拉到极根，双半结也不会松散，而且可以很容易的解开。因此利用绳索绑系物品时，双半结的简易性与实用性堪称所有绳结中的最佳选择，应用范围十分广泛 。

（1）打一个半扣结。

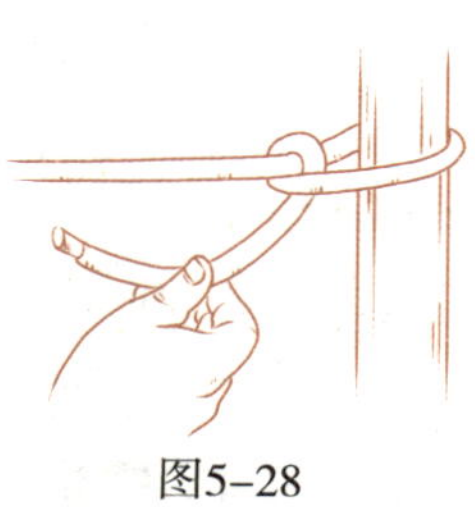

图5–28

（2）然后绕过主绳在末端再打一个半扣结。

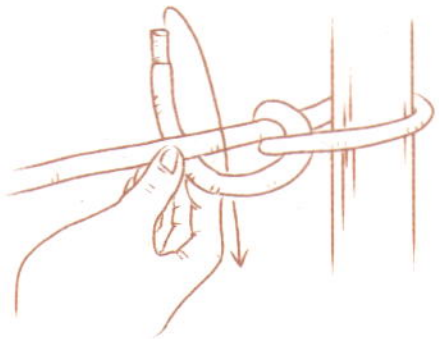

图5-29

（3）用力拉紧结完成。

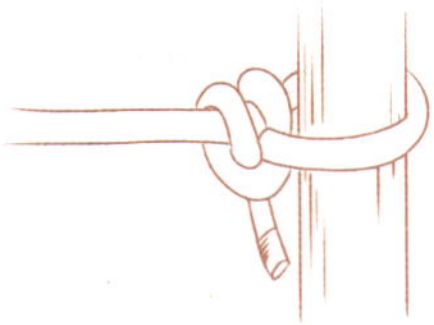

图5-30

（4）错误的打法。

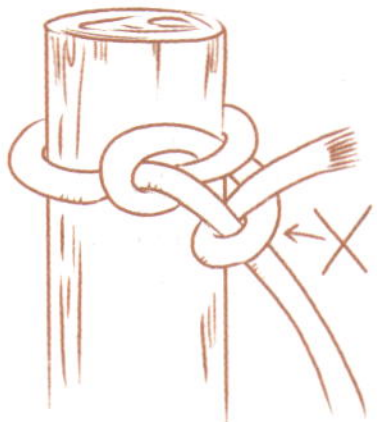

图5-31

4. 系木结（樵夫结）。

系木结简单牢固，有意思的是，如果拉扯时一直用力，结不会散开；然而一旦拉扯过程中有卸力现象，则容易脱开。所以在以安全为第一需要的使用场景下，系木结就不是很好的选择了。

（1）先打一个半扣结。

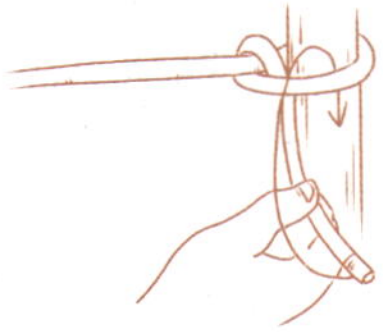

图5-32

（2）将剩下的绳头在绳圈上缠绕两三圈后将主绳拉紧。

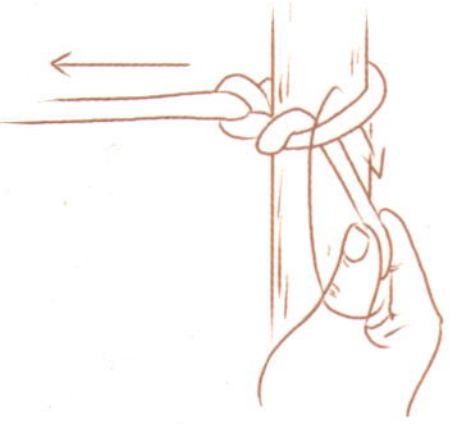

图5–33

5. 系木结＋半扣结。

在需要拖吊搬运细长圆柱体的物品时，使用系木结加上半扣结效果非凡，诀窍是两个结之间的距离越远越不易滑动。

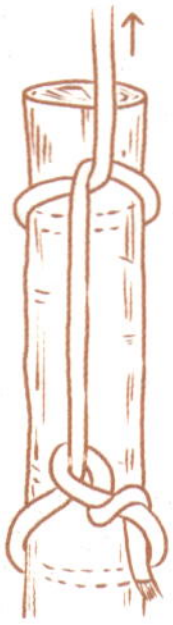

图5–34

6. 连钩结。

连钩结也是半扣结的变化之一，通过结的移动，来调整绳索的长短。此外，它容易完成、容易拆解，而且十分牢固。除了搭帐篷和遮雨篷之外，若想让绳索保持在拉得极紧的状态时，连钩结是非常适用的绳结。

（1）先打一个半扣结。

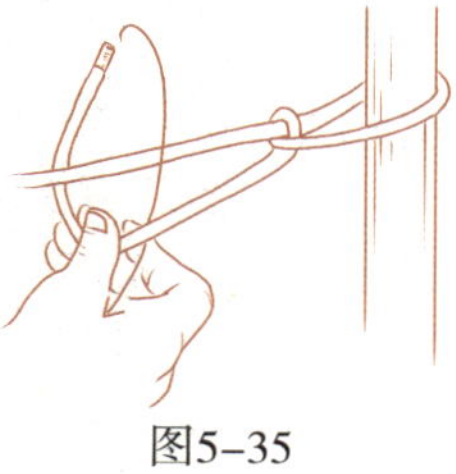

图5–35

（2）然后距离半扣结些许的地方，再打一个半扣结。

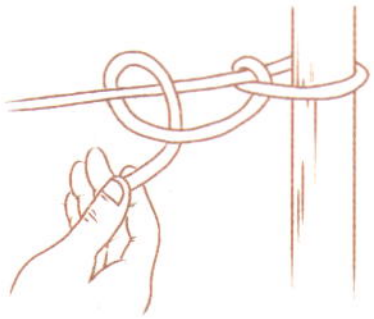

图5–36

（3）将绳头往回绕一个圈，再从图 5–37 箭头所示轨迹方向拉出。

图5–37

（4）最后打个半扣结固定。

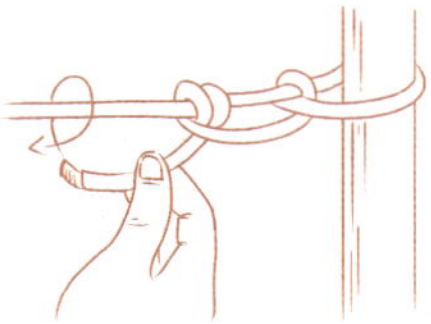

图5–38

（5）用力拉紧结后完成，长短以 A 和 B 两个结来调整。

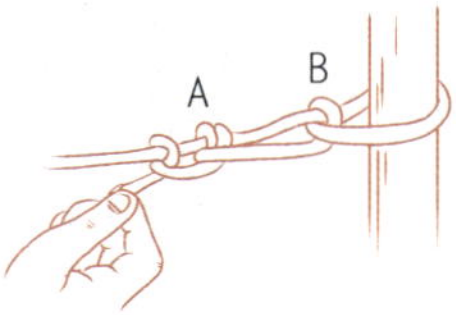

图5–39

（6）调整有困难时，可以不打 B 部分的半扣结，而仅以 A 部分来调整。

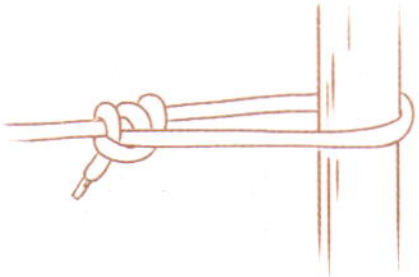

图5–40

7. 双套结（丁香结、卷结）。

双套结的历史相当悠久，对于海员和户外爱好者而言，这是常用的绳结。双套结的目的是将绳索卷绕在其他物品上，打法和拆解都很容易，且具备极高的安全性。注意：双套结适合绳索两端同时受力，若只是绳索一端受力，就必须在打完双套结后再加一个半扣结。

方法一：适合绳结无法直接套在所捆绑的物品上时，适用于绳索一头受力。

（1）把绳索绕过物体。

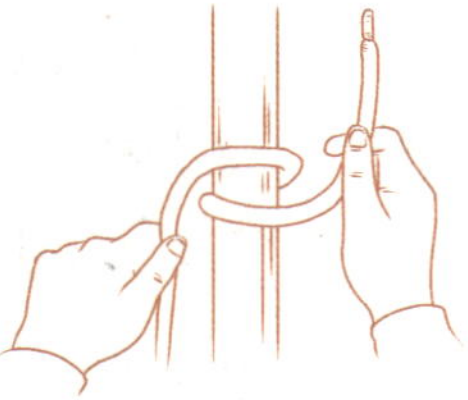

图5-41

（2）从上方再绕一圈，如图 5-42 箭头所示拉出。

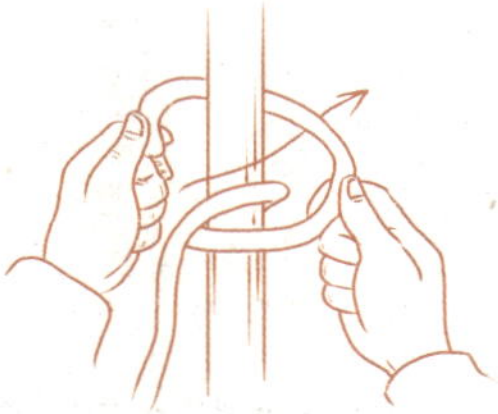

图5-42

（3）用力拉紧绳索两端。

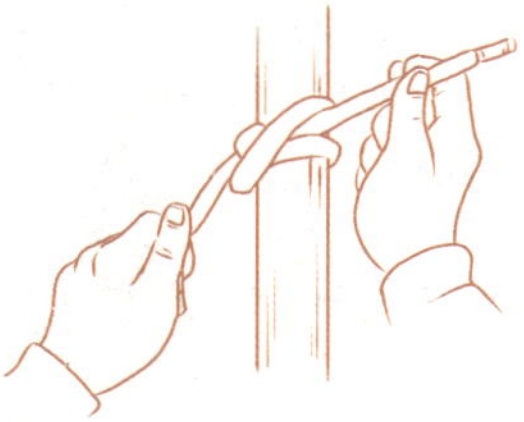

图5-43

（4）最后只要再打个半扣结，即使朝箭头方向用力拉扯绳子，也不用担心结散开。

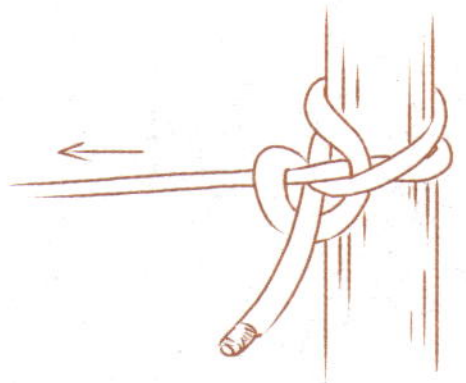

图5–44

方法二：可用绳结直接套在物品上，方便从绳索中部开始打结，适用于绳索两头受力。

（1）按图 5–45 将绳索做出两个不同方向的环。

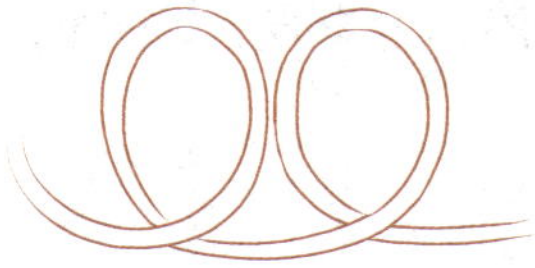

图5–45

（2）把右边的绳圈重叠在左边的绳环上。

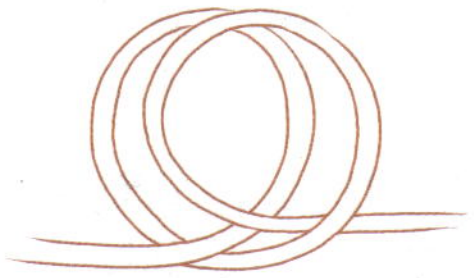

图5–46

（3）直接套进物体上。

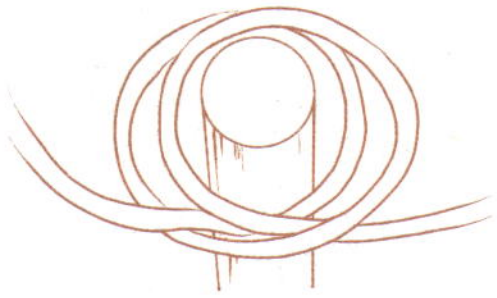

图5–47

（4）将结收紧，若绳索是两端同时受力，则无须加半扣结。

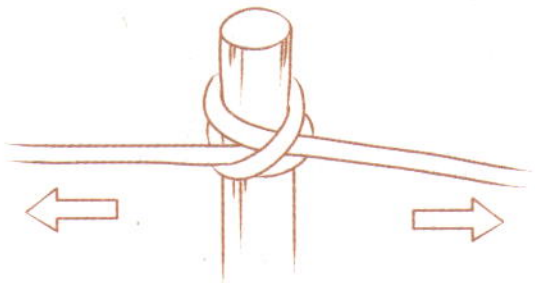

图5–48

8. 双重双套结。

比双套结更牢固，通常在绳索需长时间套在物体上时使用。

（1）在双套结上再套一个圈。

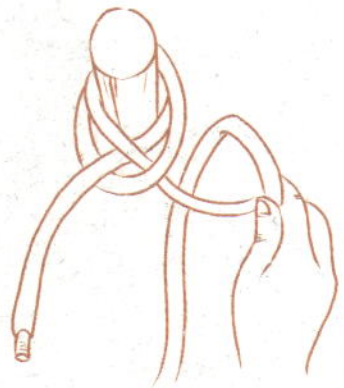

图5-49

（2）收紧结。请注意：圈不要套反，套好的绳圈绳端应被绳结压住。

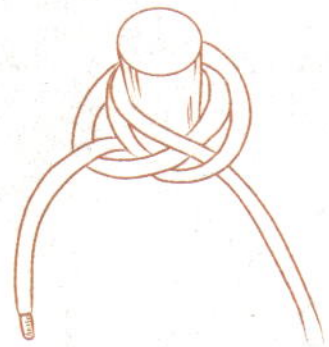

图5-50

9. 三套结。

三套结的目的是使绳索结实地绑束在物体上。其特点是一旦绳索两端同时朝反的方向用力拉紧，结就会变得十分牢固。在打双套结的途中绳索多绕一圈。

（1）将绳索绕过物体。

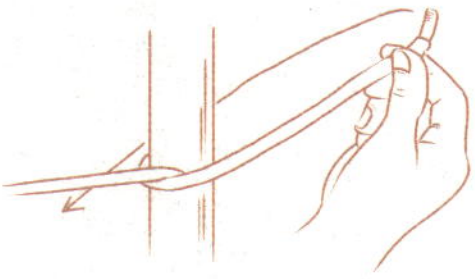

图5-51

（2）压在之前的绳圈上绕一圈。

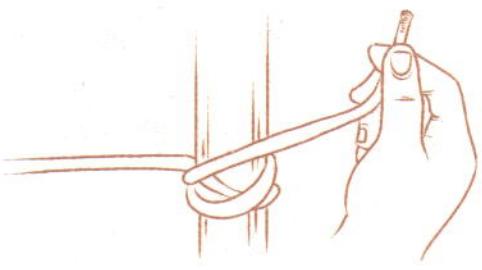

图5-52

（3）再绕一圈，将绳头按 5–53 图箭头所示轨迹穿过。

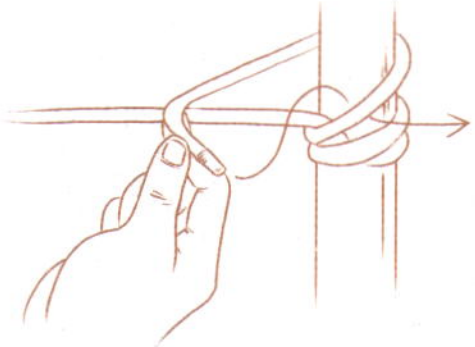

图5–53

（4）收紧结。

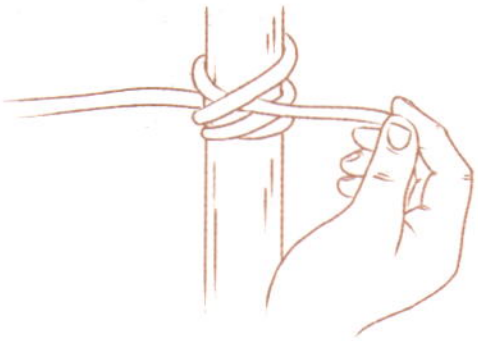

图5–54

➡ 平结及变化结

1. 平结（本结、方结、坚结）。

平结可以在连接两条绳索时使用，但仅适用于同样粗细和材质的绳索，而且要求两条绳索的拉力必须均等。尽管如此，平结所具备的简单结实的优点，仍然使得它在绳结基本结中占有重要的一席之地。

（1）准备两根绳索，将绳索两端缠绕交叉后拉拢。

图5–55

（2）在交叉的上方反方向再缠绕交叉一次。请注意：此时如果缠绕的方向错误，结果就会打成错误的外行平结。

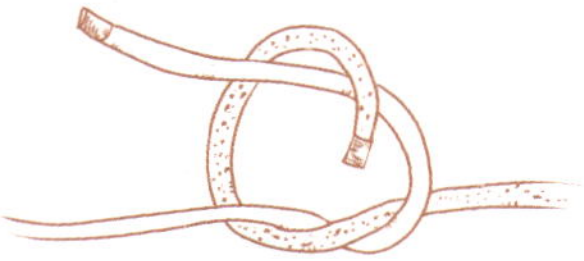

图5–56

（3）握住两端绳头用力收紧结。

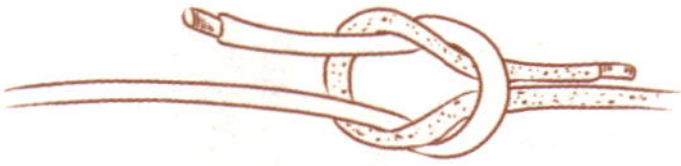

图5–57

（4）平结的解法：平结如果拉得太紧，就不太容易解开；但是有个小窍门，如图 5–58 所示，双手分别按箭头方向用力一拉，就可轻松解开。

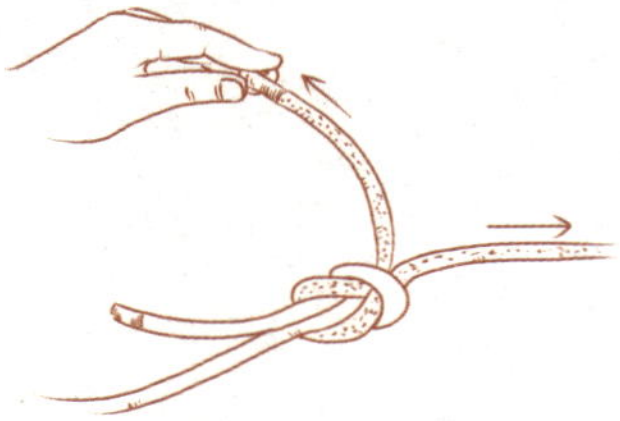

图5–58

2. 错误的平结。

（1）外行平结（外婆结）虽然有名称，但其实是平结错误的打法，用力一拉结就会散开，所以请小心避免。

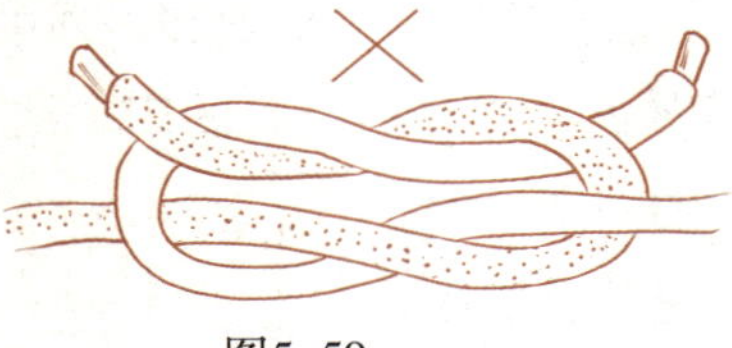

图5–59

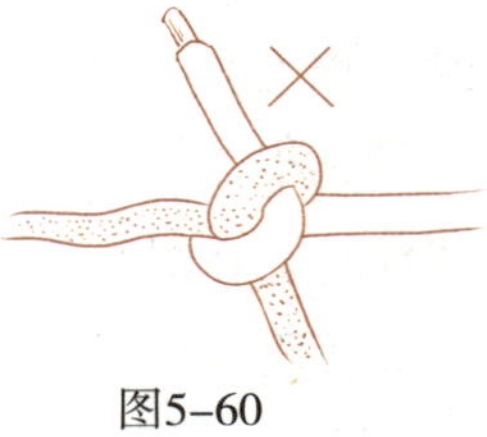

图5–60

（2）如果两条绳子中的有一条太粗、太硬或沾水，就有可能出现以下情况，都是错误的结法，请小心避免。

① 一条绳子未参与打结，只是绕了一个弯。

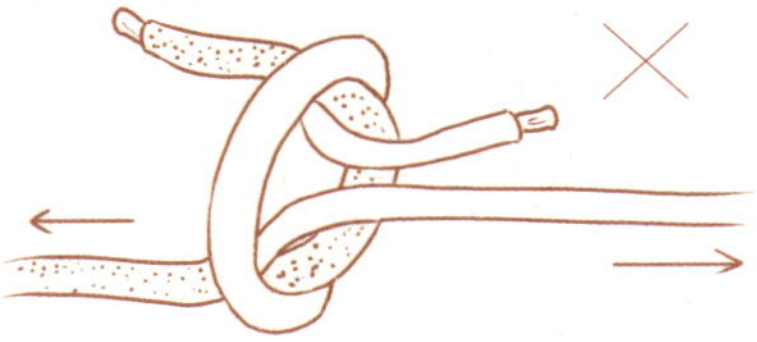

图5–61

② 一条绳子是直的。

图5-62

3. 花结。

花结与平结打法相似，只是在第二次交叉时需保证绳头不穿过，这样快速解开时十分方便，因此花结常用于系鞋带。

（1）单花结（半船首结）。

① 将两根绳索的两端缠绕交叉后拉拢，将其中一根绳索的绳头多预留一些长度，然后折起。

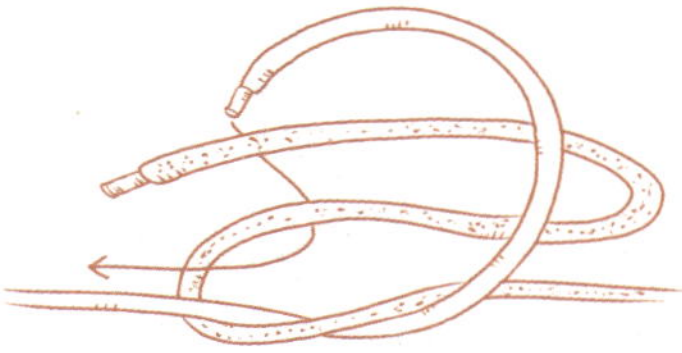

图5-63

② 然后在上方反方向缠绕交叉一次，用力拉紧两端收紧结。

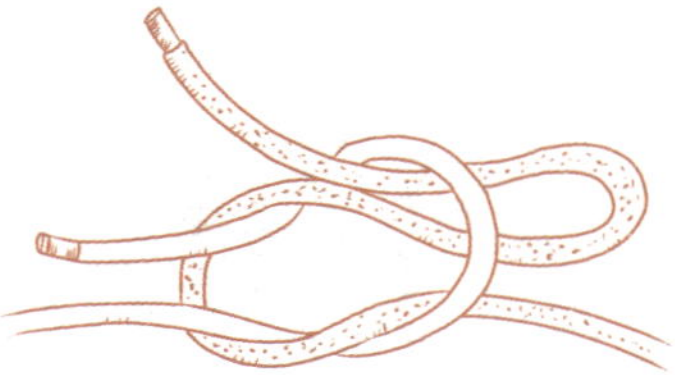

图5-64

③ 用力拉 A 的绳头即可解开。

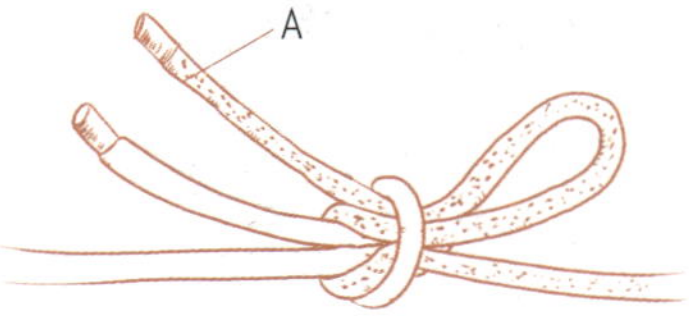

图5-65

（2）双花结（船首结、蝴蝶结）。

双花结形状非常美观，经常用于装饰和系鞋带，在日常生活中使用的频率相当高。

① 将两根绳索的两端缠绕交叉后拉拢，多预留些绳头长度，将两根绳索的绳头折起。

图5-66

② 然后在上方反方向再缠绕交叉一次，用力拉紧两端收紧结。

图5-67

③ 用力拉绳头即可解开。

图5-68

4. 外科结。

顾名思义，外科结是外科医生缝合时经常用的结，比平结更为牢靠。

（1）将两根绳索的两端缠绕交叉一次。

图5-69

（2）再缠绕交叉一次收拢。

图5-70

（3）在交叉的上方再反方向缠绕交叉一次，然后收紧结。

图5-71

（4）如果绳结还需解开，可打成外科花结。打结时多预留些绳头，在第二次缠绕交叉时，将两端绳头折起然后收紧结。

图5-72

➡ 8字结及变化结

1. 8 字结（意大利皇室结、爱之结）。

打好的结会呈现阿拉伯数字“8”的形状，防滑的性能非常好。8 字结的结比单结大，适合作为固定收束或拉绳索用的把手，即使两端拉得很紧，依然可以轻松解开。8 字结还有一个优点，就是当 8 字结承受拉力时，对绳子的伤害最小。

（1）适合绳索较粗时的打法。

① 将绳头交叉。

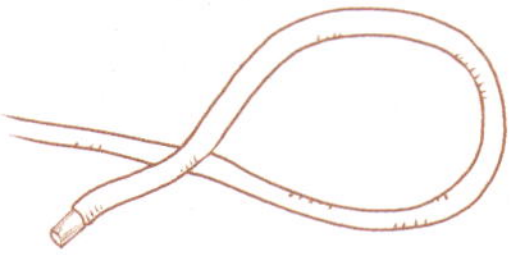

图5-73

② 将一头的绳索绕过主绳。

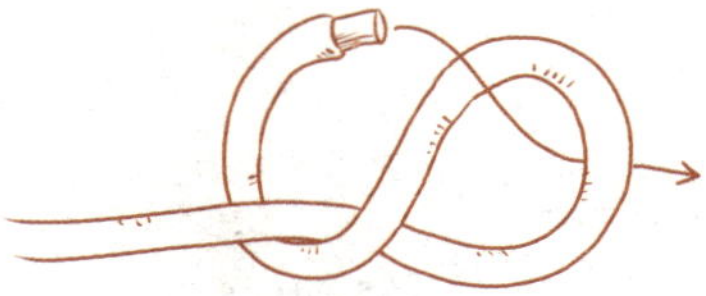

图5-74

③ 将绳头穿过绳圈后，收紧结。

图5-75

（2）适用绳索较细时的打法。

① 将绳端对折，并用双手握住。

图5-76

② 把对折部分按图 5-76 箭头方向转两圈。

图5-77

③ 将绳头穿过绳圈。

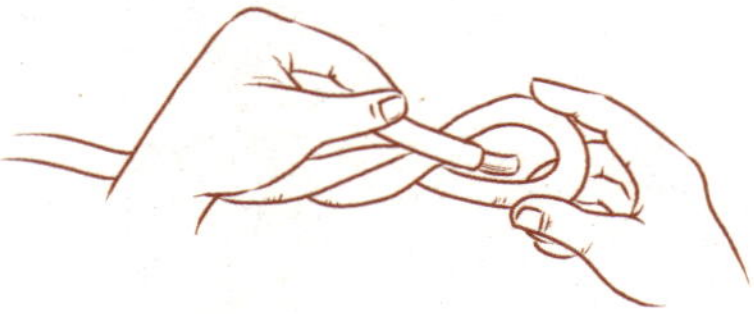

图5-78

④ 拉紧两端收紧结。

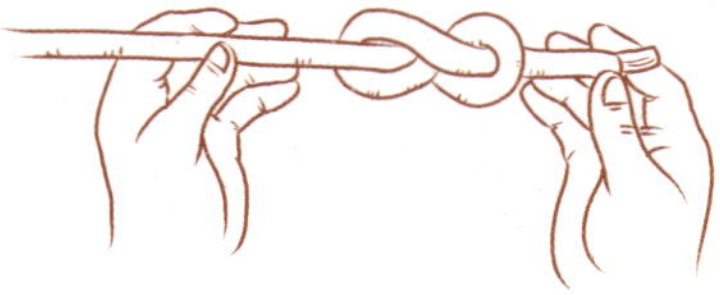

图5-79

2. 滑 8 字结。

滑 8 字结是把 8 字结变化成活结的形状，只要用力拉开绳索的末端，就可松开结。

（1）将提前预留好的长绳头，反向插入 8 字结中。

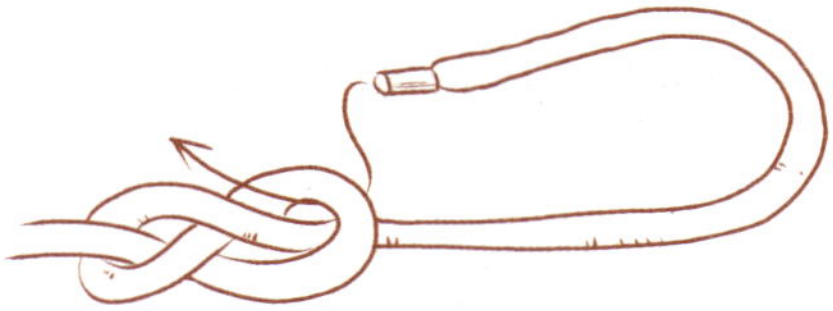

图5-80

（2）将结收紧。

图5-81

3. 连续 8 字结。

和连续单结一样，是在同一条绳索上连续打结。由于 8 字结的结比单结大，所以在紧急逃脱时使用更为方便。

（1）先将绳索排数个 8 字形状。

图5-82

（2）把末端的绳头依次穿过所有绳圈。

图5-83

（3）依次收结并调整等距间隔。

图5-84

（4）将结依次收紧。打连续8字结的诀窍是从最先穿过的末端绳圈开始打结。

图5-85

4. 双重 8 字结。

双重 8 字结通常用来做固定的绳圈。将绳索对折后打个 8 字结，便形成了双重 8 字结。双重 8 字结具备耐力强、牢固等优点，经常在登山、攀岩、垂降等需要保障生命安全的场景下使用。

（1）将绳子对折后，在绳端打一个 8 字结。

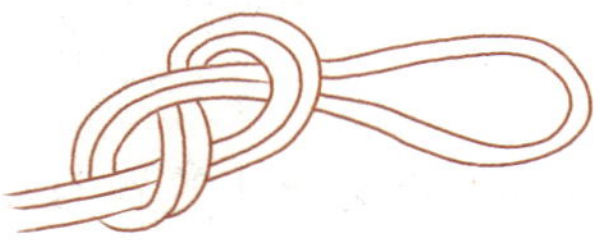

图5-86

（2）将结收紧。

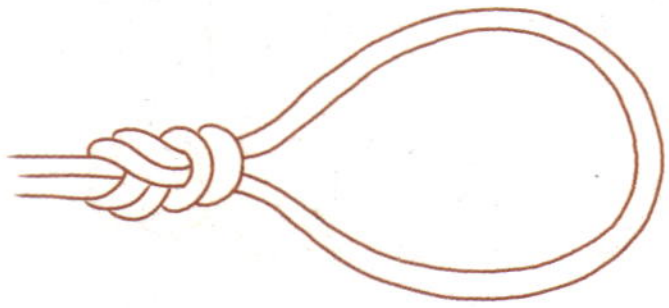

图5-87

5. 反穿 8 字结。

反穿 8 字结与双重 8 字结在打好后一模一样，但用法和打法却有很大的区别。使用反穿 8 字结可以将绳索打在无法用绳环直接套住的物品上，十分方便，比如将绳环套在电线杆上。

（1）先在绳索上打个 8 字结，然后做一个绳环套住物品。

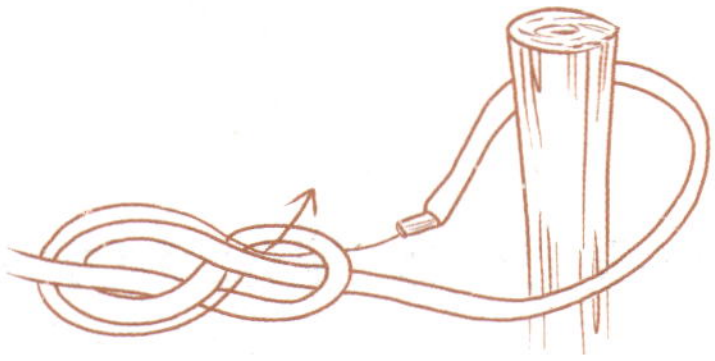

图5–88

（2）绳头朝向已打好的 8 字结，如图 5–88 箭头轨迹所示，反方向再打一个 8 字结。

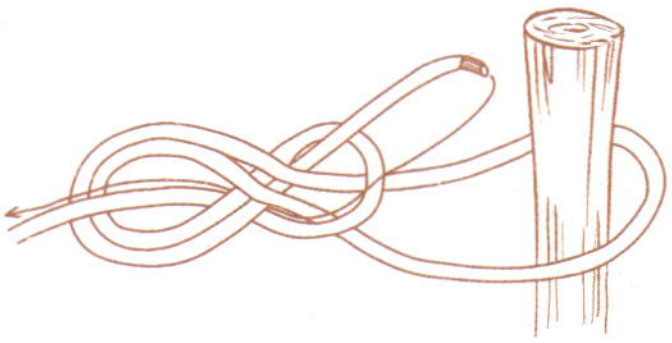

图5–89

（3）用力收紧结。

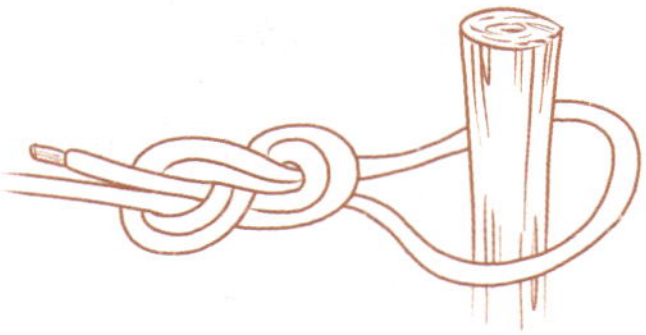

图5–90

➡ 接绳结及变化结

1. 接绳结（普通结、线结、编织结）。

接绳结常用于连接两根绳索，打法简单迅速，即使不同材质不同粗细的绳索也可以用接绳结来连接。它也是海员与户外爱好者常用的绳结。结绳结不论拉得多么紧，拆解都十分容易。

方法一：

（1）将粗绳的末端对折，然后把细绳从对折绳圈的下方穿过。

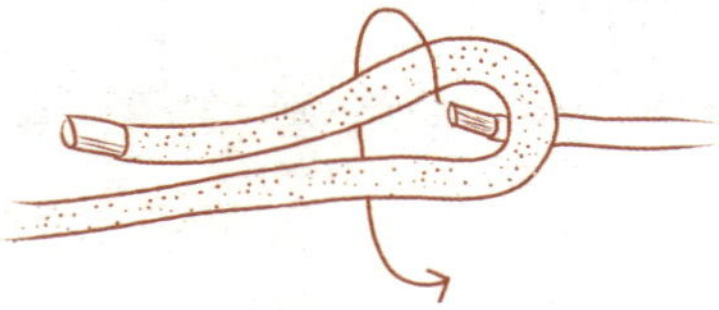

图5-91

（2）细绳的绳头绕过对折的绳索一圈后按图 5-92 箭头方向穿过。

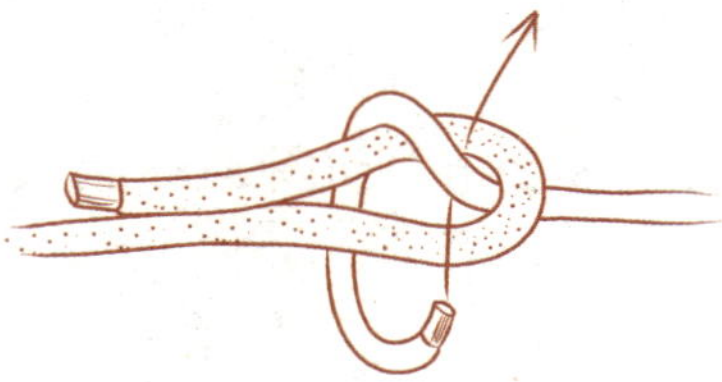

图5-92

（3）拉住两端的主绳收紧结。

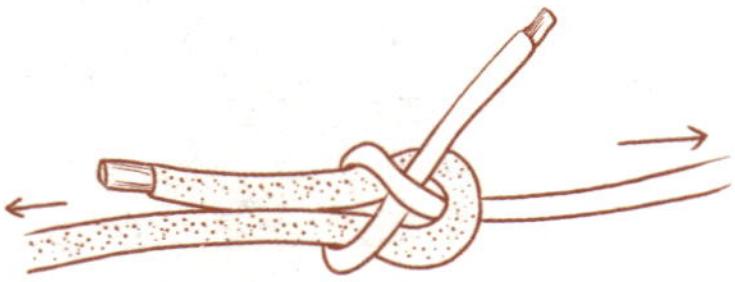

图5-93

方法二：

（1）如图 5-94 将两条绳索先行交叉。

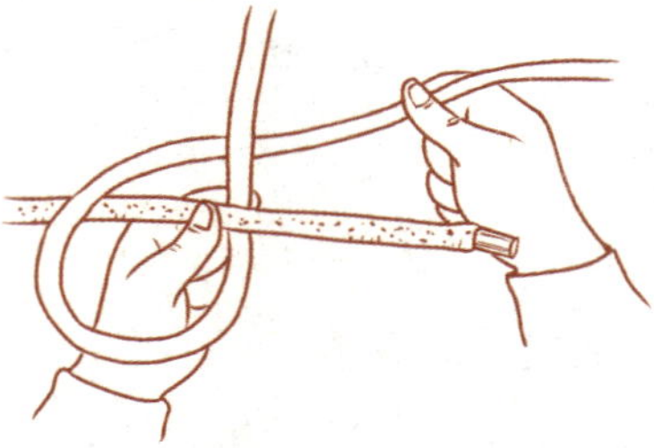

图5-94

（2）手握着交叉部分，然后把细绳压在粗绳上。

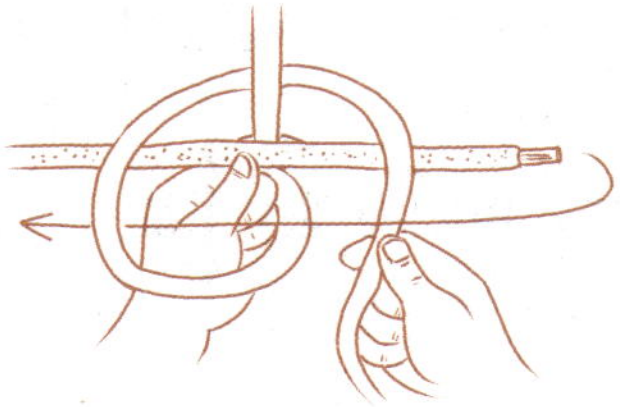

图5-95

（3）把粗绳折回，按图 5-95 箭头轨迹所示，将绳头穿过绳圈。

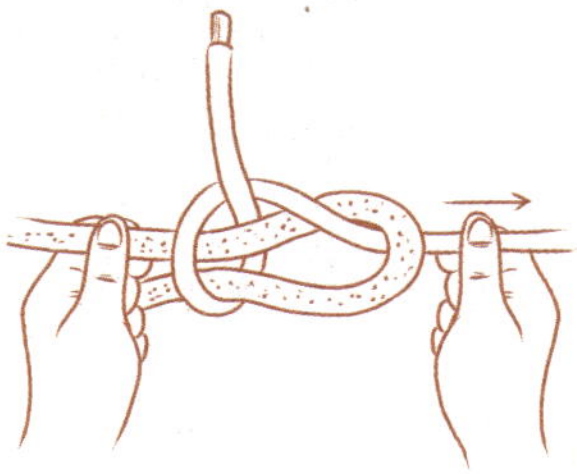

图5-96

（4）拉紧两端主绳收紧结。

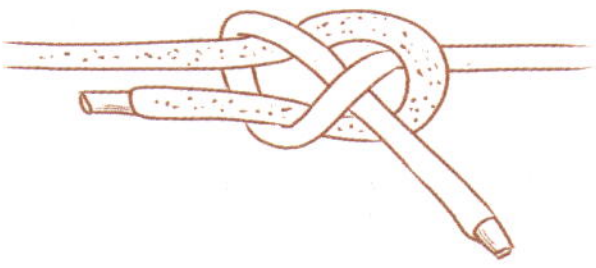

图5-97

2. 滑接绳结。

借鉴花结的打法，打结时细绳多预留些绳头并折回，再缠绕交叉保证绳头不穿过，这样就能成功地打出滑接绳结，如图 5-98。这样的结解开时非常方便，小伙伴们可以动手试一试，多练习几次一定会成功。

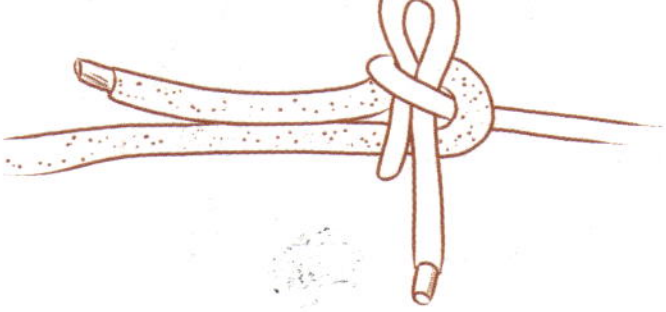

图5-98

3. 双重接绳结。

耐受力是接绳结的两倍。此结操作时细绳多绕了一圈，因此增加了绳结的耐受力与安全性。

（1）与接绳结同样打法，但细绳绳头多绕了一圈。

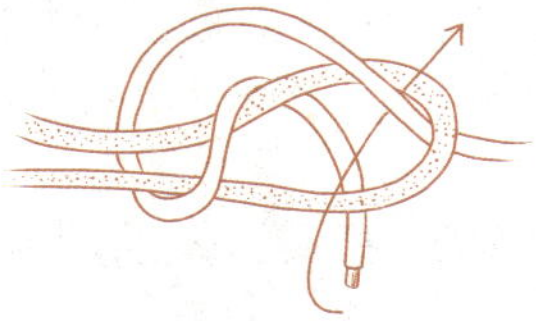

图5–99

（2）细绳绳头按图 5–100 所示穿过。

图5–100

（3）拉紧两端主绳收紧结。

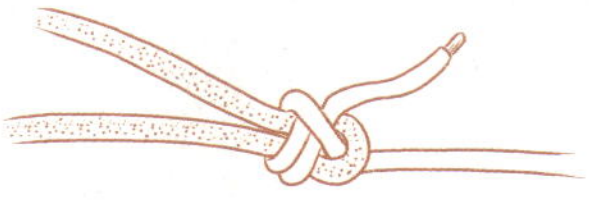

图5–101

➡ 渔人结及变化结

1. 渔人结（英式结、水人结）。

用于连接细绳或线的结，强度很高，也可使用在不同粗细的绳子上，但不适合太粗的绳子。

（1）将两条绳子的前端交互并列，基中一条绳子像卷住另一条绳子般打一个半绳结。

图5–102

（2）另一边也同样打上一个结。

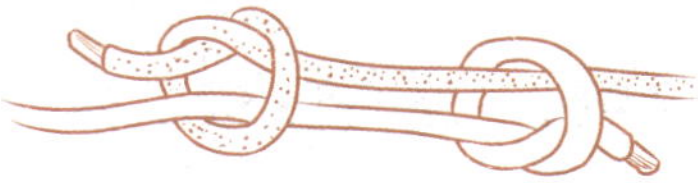

图5-103

（3）将两条主绳用力向两边拉紧结。

图5-104

2. 双渔人结。

双渔人结更加牢固，但缺点是受力后比较难解，结也比较大。

（1）与渔人结第一步不同的是，半绳结需要多绕一圈。

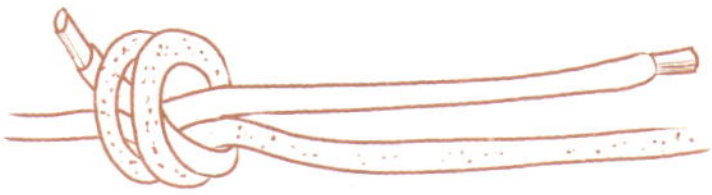

图5-105

（2）另一边也同样。

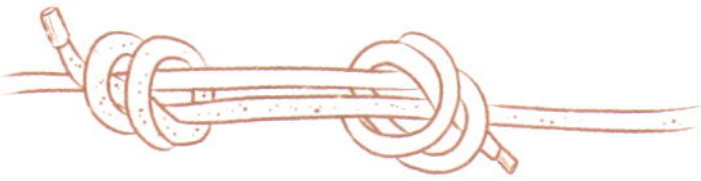

图5-106

（3）将两条主绳用力向两边拉紧结。

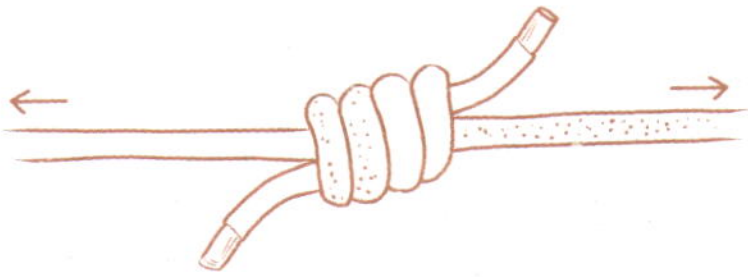

图5-107

➡ 称人结及变化结

1. 称人结（布林结、国王结）。

称人结有“绳结之王”的称号，是一个可靠而又容易打的圈结，受力后永不会滑脱和走样，而且能轻易解开。

方法一：

（1）如图 5–108，在主绳上先绕一个小圈，然后将绳头自下而上穿过。

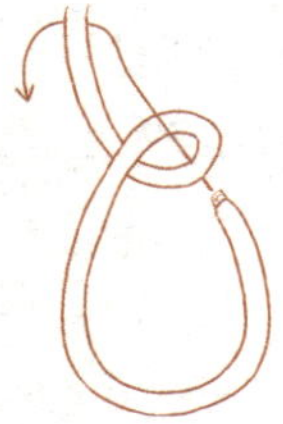

图5–108

（2）将绳头从主绳后方逆时针绕过，再返回穿过之前的小圈。

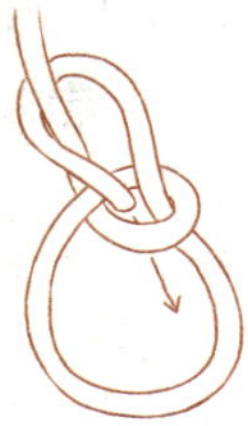

图5–109

（3）收紧结。

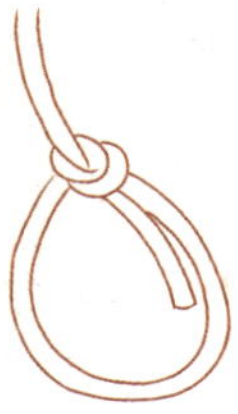

图5–110

方法二：

（1）如图 5–111，在物体上先系一个半绳结。

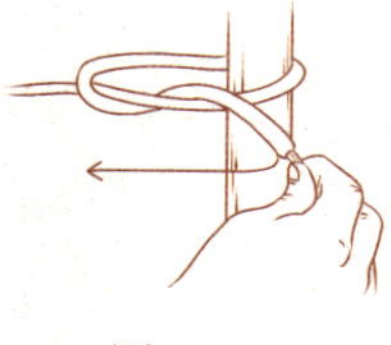

图5–111

（2）将短绳头向自己怀中方向拉直，形成半扣结。

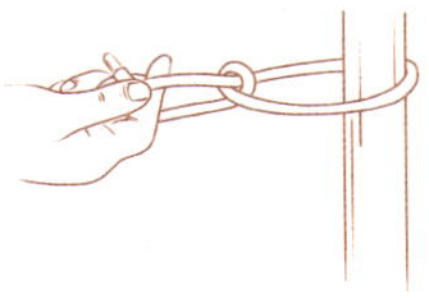

图5–112

（3）将绳头逆时针从主绳下方绕回，穿过形成半扣结的小圈。

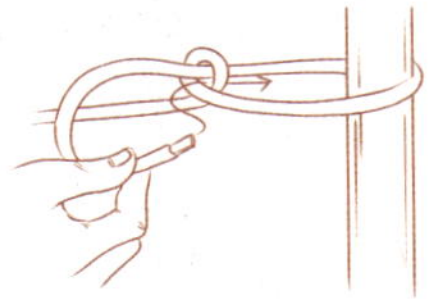

图5–113

（4）收紧结。

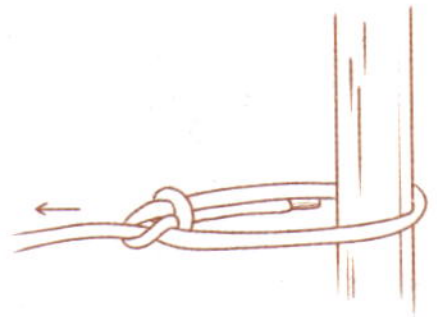

图5–114

2. 变形称人结。

（1）打一个称人结，绳头要多留一些。

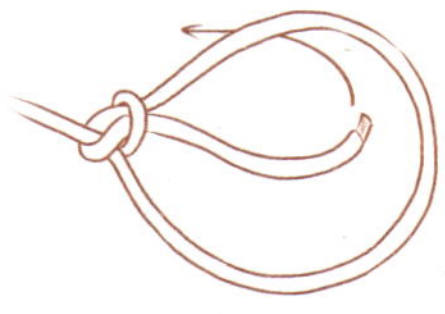

图5–115

（2）将绳头在绳环上绕一圈后，如图 5–116 从箭头方向穿过。

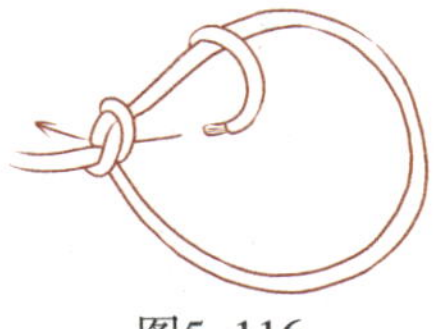

图5–116

（3）收紧结。

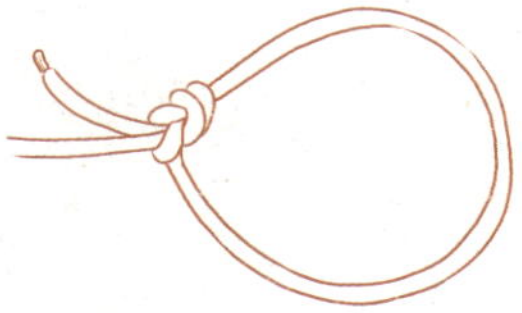

图5–117

3. 双环称人结。

用对折后的双股绳索打称人结，A 环可根据需要调节大小。

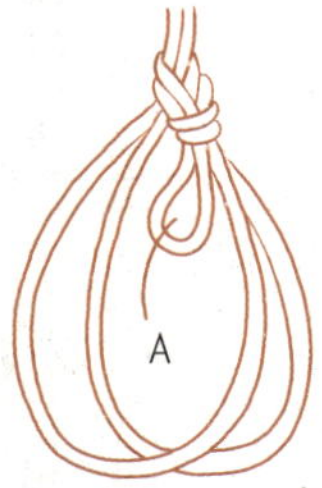

图5–118

4. 双称人结。

（1）在用对折的双股绳索打称人结的过程中，如图 5–119 箭头所示，把 A 环往下拉，将 B 环穿过 A 环。

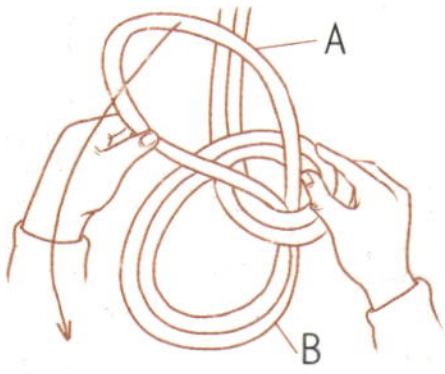

图5–119

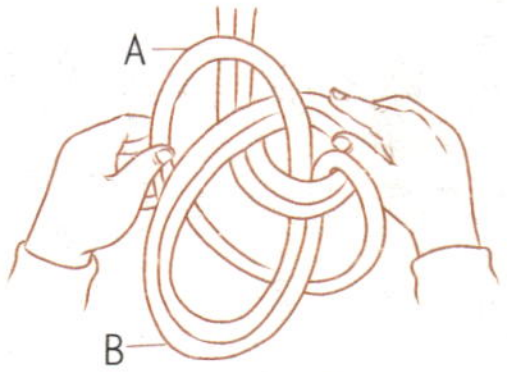

图5–120

（2）把 B 环往下拉，使得 A 环穿过整个绳结，收紧 A 环，收紧结。

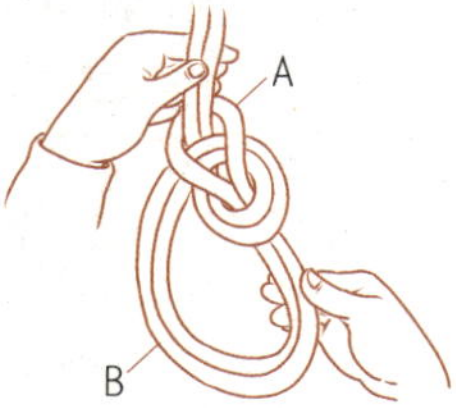

图5–121

温馨提示 虽然都使用双股绳索，双称人结和双环称人结的打法和用法却不一样。双称人结其实并不复杂，但打法比较巧妙，许多小伙伴因为缺乏经验，无法判断打出的双称人结是否正确，因此建议大家在老师的指导下学习。

➡ 活索

1. 活索结。

这是一种简单的圈套结。拉紧绳子的前端即可做成一个圆圈，圆圈中间没有任何东西，一拉绳子即可将结解开。

（1）在主绳上打一个半绳结，不要把绳头拉出去。

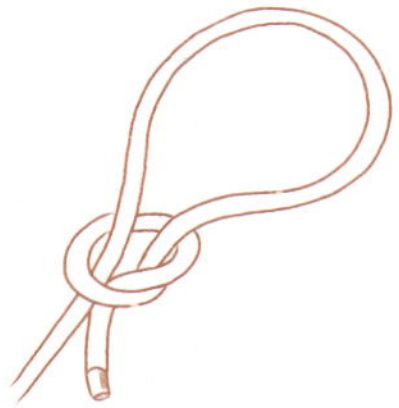

图5–122

（2）调整绳圈大小，收紧半绳结。

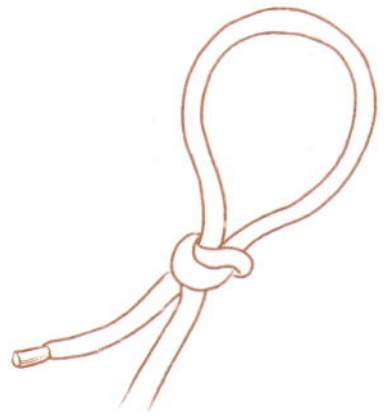

图5–123

2. 牛仔结。

（1）在主绳上打一个单结。

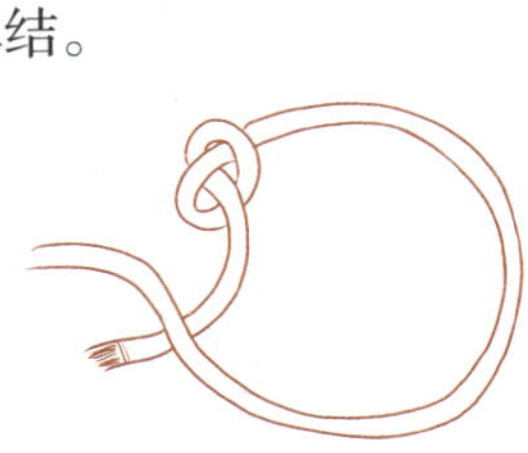

图5–124

（2）如图 5-125，将绳头绕过主绳后从单结穿过。

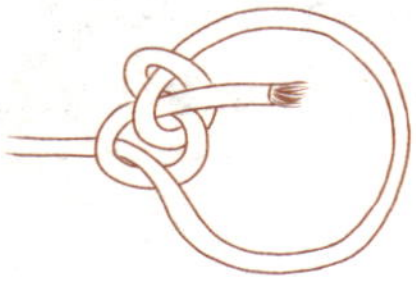

图5-125

（3）将绳头拉紧，完成。

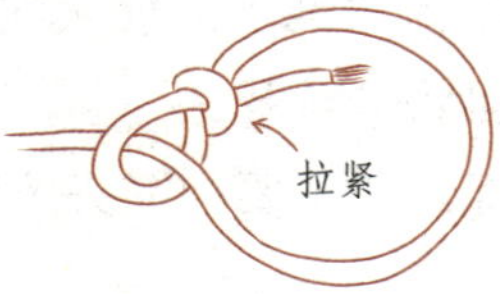

图5-126

➡ 其他实用绳结

1. 杠杆结。

和双半结、系木结等绳结一样，杠杆结多用于将绳索捆绑在物体上，比如在树木之间连起绳索，或是在搭帐篷时绑帐篷绳等。

方法一：将绳索直接绑在物体上。

（1）将绳索绕过物体后，再将绳头绕过主绳。

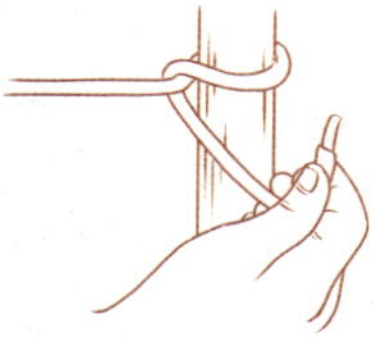

图5-127

（2）在绕过物体的绳环上，扭出一个小绳圈，将绳头穿过小绳圈。

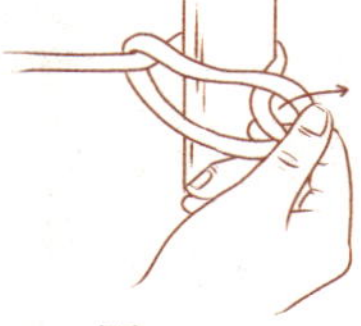

图5-128

（3）双手拉紧结，结不能松动。

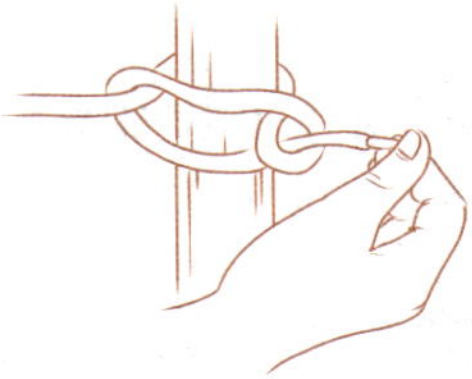

图5-129

方法二：当绳索易滑或绳头太短难以使力时，可以在杠杆结上加一个棒状把手，方便用力。

（1）先在绳索上打个结。

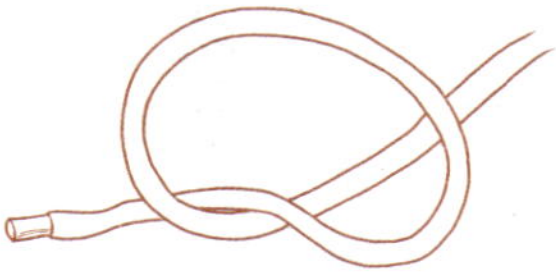

图5-130

（2）然后将棒状的物体插入。

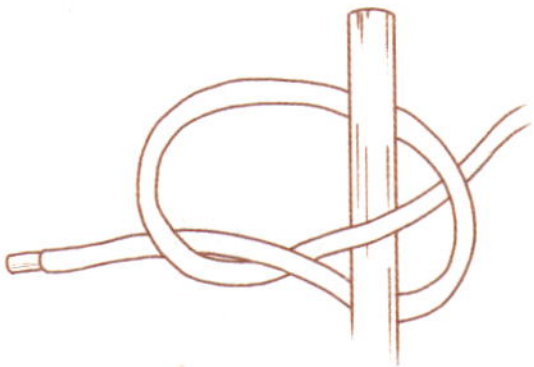

图5-131

（3）拉紧结，结不可松动。

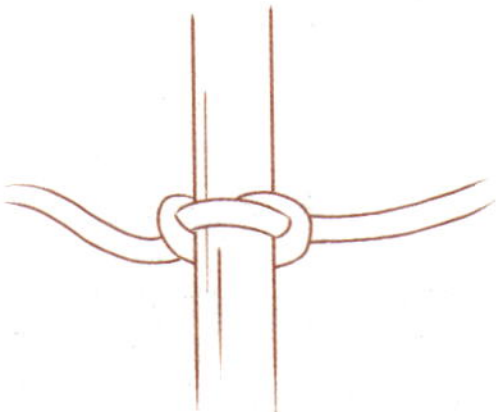

图5-132

2. 工程蝴蝶结（架线工结、中间结）。

在绳索中间直接打出绳圈的绳结，牢固性与安全性很强，不用担心会散开。

方法一：

（1）利用绳索中间部分做出8字形的绳圈，接着把A部分往上拉。

图5-133

（2）如图5-134，把A部分朝箭头方向穿过拉出。

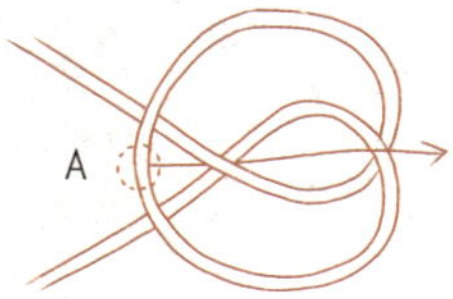

图5-134

（3）拉紧结。

图5-135

方法二：

（1）将绳索中间部位对折后，把对折的下部分往上拉。

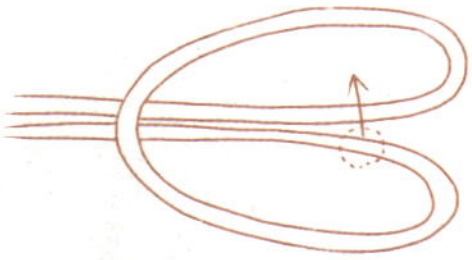

图5-136

（2）让两个绳圈交叉，如图5-137箭头轨迹所示拉出绳子。

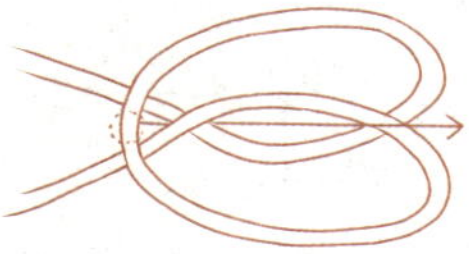

图5-137

（3）收紧结。

图5–138

3. 缩短结（羊脚结）。

因绳结的形状酷似羊脚而得名。当需要把过长的绳索缩短使用时，缩短结是最受欢迎的。此外，当绳索其中的一段出现磨损而不能使用时，缩短结也能派上用场。

方法一：

（1）把绳索弯成S形，然后在右上方把主绳相交做出一个小圈。

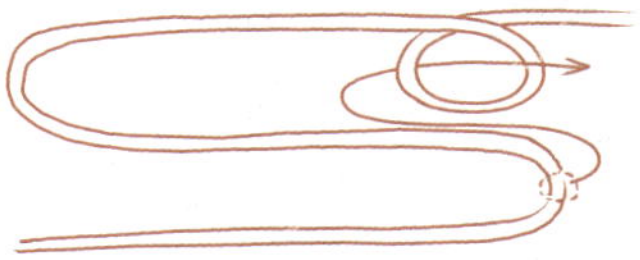

图5–139

（2）将S形下方穿过小圈。

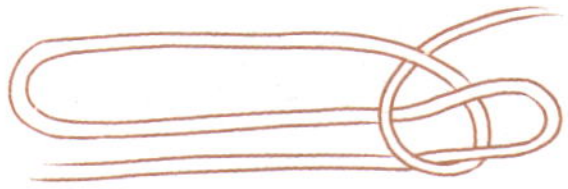

图5–140

（3）左边如法炮制。

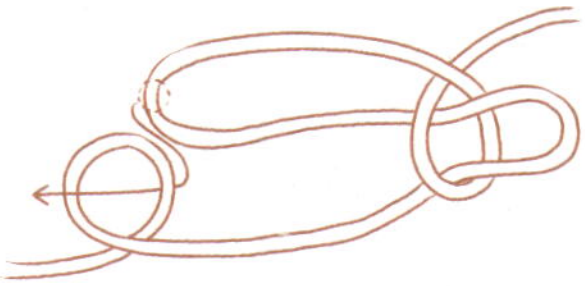

图5–141

（4）收紧结，不可松劲。

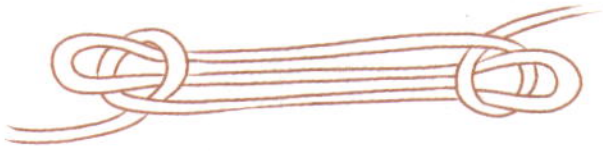

图5–142

方法二：

（1）做出三个并排的绳圈。

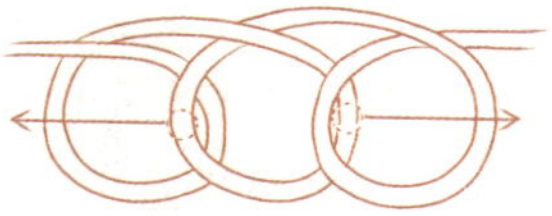

图5-143

（2）把中间的绳圈穿过左右两绳圈后拉出。

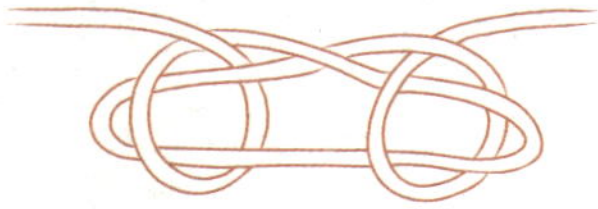

图5-144

（3）收紧结，不可松劲。

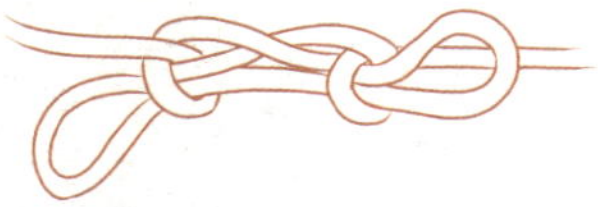

图5-145

温馨提示 缩短结只是把对折的绳圈用半扣结固定而已，不论打法或拆解都相当简单；不过缺点是如果拉得太用力，结可能会自行松散。为了解决这个问题，可以考虑使用双套结代替半扣结打成补强缩短结，或者是在缩短结左右两边的绳圈套上木棒。

方法三：补强缩短结。

（1）在缩短结的基础上，利用双套结，如图 5-146 按箭头轨迹所示拉出绳圈。

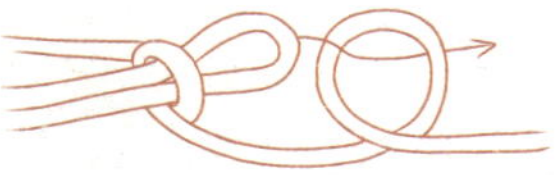

图5-146

（2）收紧结。

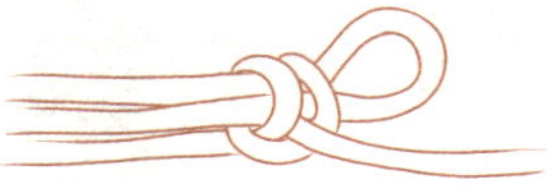

图5-147

方法四：在缩短结左右的绳环内插入棒状物体做成补强缩短结。

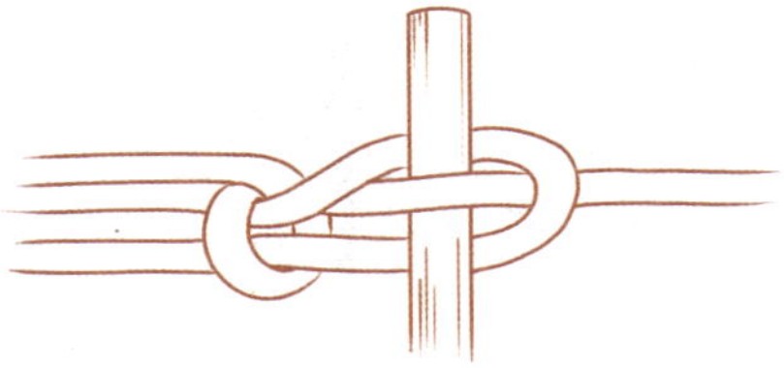

图5-148

➡ 整理绳索的方法

整理好的绳索不仅看起来美观，携带方便，更重要的是，在需要使用绳索时，能迅速打开，不发生缠绕。

1. 细绳的收法。

（1）留出绳头 A，然后将绳子缠绕在手上。

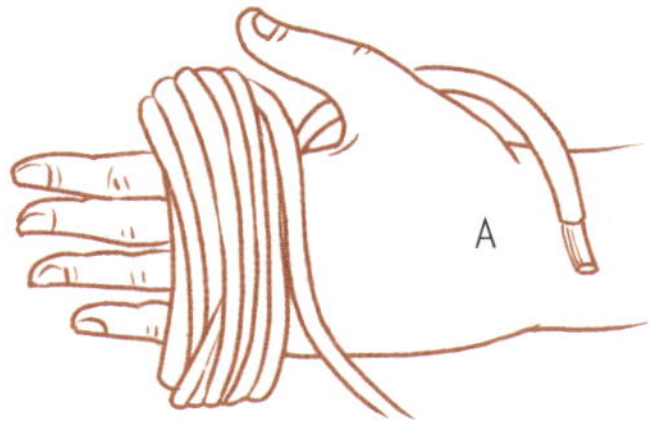

图5-149

（2）到了一定圈数后，将绳圈从手上取下，横过绳圈竖向缠绕。再到一定圈数后，将大拇指伸进 B 洞里。

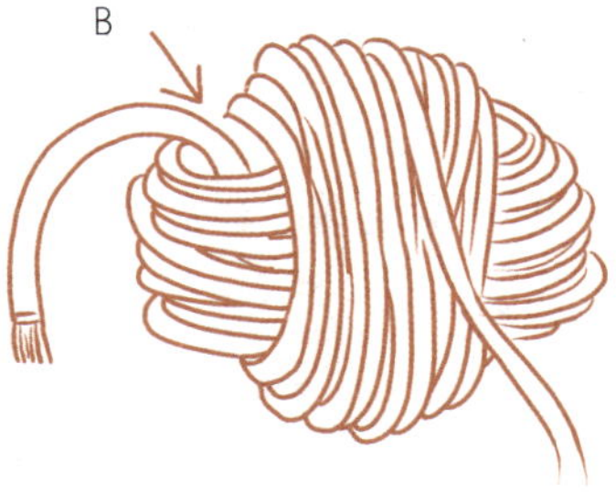

图5-150

（3）继续缠绕。

图5-151

（4）将细绳绕成球状。

图5-152

（5）最后将绳端绕圈打结，等用的时候，将 A 端拉出即可。

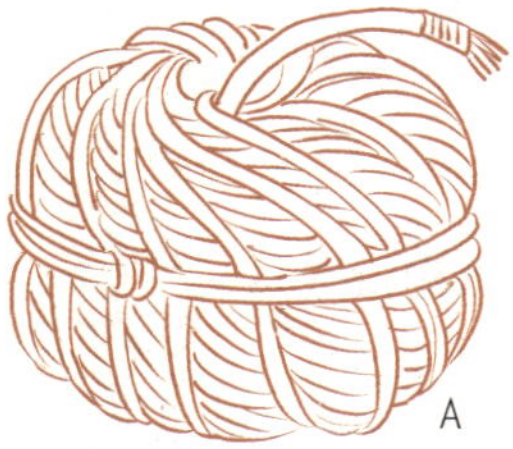

图5-153

2. 粗绳的收法。

（1）按图 5-154 所示，将绳索绕圈，最后将绳端绕入绳圈。

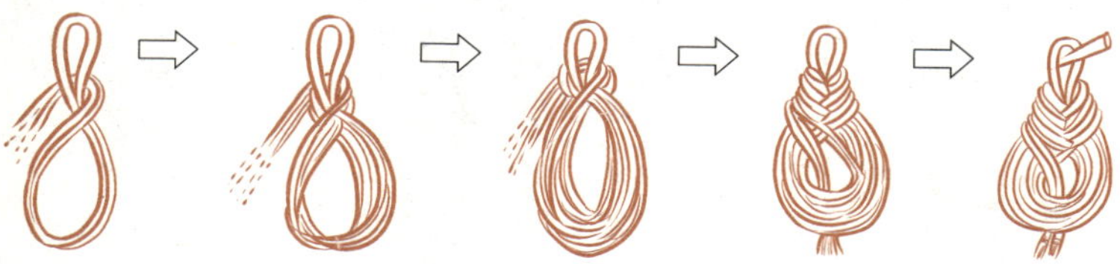

图5-154

（2）如图 5–155，这样收完绳子后还可以方便背负。

图5–155

➡ 绳索的检查

1. 固定好绳子的末端，避免绳头散开。
2. 使用前必须检查绳索是否有伤痕，若有伤痕则需要处理。
3. 使用前检查绳索是否发生扭结的情形，若有扭结则须将其复原捋顺。

➡ 绳索的使用与保养

1. 不弄脏绳索。脏污是导致绳索劣化的主要原因，也会使其强度变差。

2. 不踩踏绳索。绳索常因被踩踏而产生伤痕或劣化。

3. 不弄湿绳索。因为吸了水的绳索不但重，而且易滑，非常不好用。

4. 了解绳索的承受拉力值，选择让绳索承受拉力值安全范围内的重量。

5. 不让绳索接触锐利物品。当绳索碰触岩石棱角等锐利物品又必须同时承受较重负担时，绳索断裂的可能性会增大。如无法避免必须在这样的情况下使用，则需要在绳索接触棱角处加以保护。

6. 避免绳索长时间在阳光下暴晒。紫外线对绳索有伤害，会影响绳索的使用寿命。

7. 避免绳索之间受力后相互摩擦，这样很容易将绳索磨坏。

第六章　通讯及讯号

在开展户外活动和营地教育时，保持及时的通讯能为活动的安全保驾护航，并且增加应付突发状况的能力。因此，小伙伴们应当学习基本及常用的户外讯号，以备不时之需。

➡ 自古以来沿用的通讯方法

1. 能熟识并运用山区人民经常使用的指示信号以及向导所使用的追踪讯号，这样不仅能读懂前人留下的信息，也能有效地把信息传达给后人。

2. 点狼烟是最普遍的方法，大家利用烟雾向上飘的原理来传递信息。点一堆篝火，用浸湿的毛毯盖住火堆，把毛毯拿走，就会产生大量的烟雾。

温馨提示 请注意，在夜间点狼烟并不是有效的通讯方法。

➡ 简单的通迅联络方式

有突发状况时，用简单方式联络，非常方便迅捷。当使用时，表达的信息不能太复杂，可提前规定好不同讯号分别要传递的信息含义，避免使用繁琐和容易混淆的讯号，种类也要尽可能少，并最好给同行的每人发一张备忘录。

1. 用声音保持联络。

用声音的长短及不同的重复次数表示不同的讯号，速度要适中，不要太快。在听到同伴的讯号后，务必要回答。

（1）用口号联络。

用高亢明亮的声音，比如：嗬嗬嗬（集合）、呀嗬嗬（OK）、嗬哇（在这里）等，分别代表不同的含义。在突然起浓雾等突发状况时，口号是非常方便快速的联络工具。

图6-1

图6-2

（2）用哨笛联络。

使用高频哨笛比起喊口号，能传得更远，也更为省力。许多户外背包都会自带哨笛，在胸带上，方便使用。用哨笛吹出不同长短及不同重复次数的声音，比如：嘀……、嘀嘀、嘀……嘀等，分别代表不同的含义。发出讯号后如果没有得到回应，请注意间隔时间，至少要等1分钟后，才能继续发出讯号，以免接收讯号的人引起混淆。

2. 用灯光保持联络。

如果是在夜间，除了用声音联络以外，也可以配合使用灯光联络。如图6–3所示，使用光源（比如头灯）按照箭头轨迹指示，发出讯号。

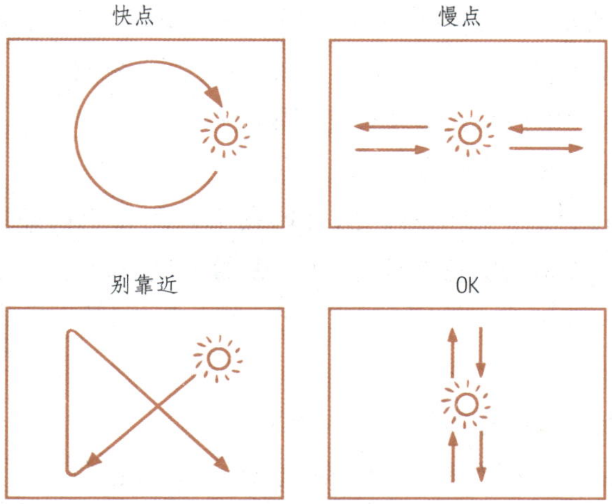

图6–3

➡ 无线电通讯

无线电对讲机是用来联络分散队友之间最快速方便的工具。

1. 要合法地使用无线电，需满足以下三个条件。

（1）有无线电运动协会会员证和业余无线电操作证。

在中国只要年满18周岁，即可在当地无线电运动协会申请无线电操作证书，考核通过后可获得无线电运动协会会员证，业余无线电台操作证及呼号①。

① 呼号是业余无线电台的代号，用于区别电台，通常情况下由呼号前缀、业余分区号以及后缀3个部分组成。中国（中华人民共和国大陆和台湾地区）的业余无线电台呼号以B开头，中国香港的呼号以VR2开头，中国澳门的呼号以XX开头。

呼号的含义：以 BD1WMO 举例，其中“BD”是呼号的前缀，含义是“二级操作员”；“1”也是前缀，含义是“北京”；“WMO”是后缀，用来区分不同的无线电操作者。

（2）无线电台执照。

无线电操作员分五个级别，一级为最高级，以此类推。不同级别的操作员，使用无线电发射和监听的频率也不同，能使用的无线电台最大发射功率也不同。为了避免低级别的操作员操作不符合级别的无线电台，当地无线电运动协会通过对无线电发射设备工作的频率、频段、发射功率、频率容限、占用带宽（或发射信号的频谱特性）、带外发射及杂散发射等频谱参数进行核定，通过审核后向该操作员发放无线电台执照。

（3）使用合法的公用频率。

在我国不同的地区使用不同的公用频率。例如北京地区，438.500MHz、434.750MHz、439.750MHz 三个频率为合法的公用频率，可供无线电爱好者使用。

2. 使用无线电的注意事项。

（1）选择配备质量好的无线电台产品。

（2）出发前将电池充满，若有必要，携带备用电池。

（3）出发时将无线电台调至统一频率，确定通联后锁死，避免在无意摩擦碰撞后频率跑偏。

（4）按照需要，调整好电台发射功率的大小。

（5）避免与活动无关的聊天，这样做是为了不占用频率，并且省电。

（6）紧急联络时，在通讯前，应先呼喊三次“紧急、紧急、紧急”的口号。

（7）在每一段通话结束后，需要说“结束”，这样对方才能按键说话。

（8）如果收听到附近的紧急通讯，应将通讯内容代为转播出去。

3. 为什么建议使用手持无线电台而不是对讲机。

（1）不同品牌和型号的对讲机使用不同的频点，如果小伙伴们使用的是个人对讲机，很难在不同的队伍中发挥联络通讯的作用。

（2）由于对讲机不可以调频率，所以也很难和外界产生通联。但如果使用手持电台，在活动过程中需要外界帮助时，通过使用公用频率，发出的信息能覆盖几十公里甚至几百公里的范围，这样很容易就将信息传递出去了。

生活指数：★★★

生存指数：★★★★★

团队指数：★★★★★

➡ 摩尔斯讯号

1. 摩尔斯电码。

也被称作摩斯密码，是一种时通时断的信号代码，通过不同的排列顺序来表达不同的英文字母、数字和标点符号。它发明于 1837 年，是一种早期的数字化通信形式。不同于现代化的数字通讯，摩尔斯电码只使用零和一两种状态的二进制代码，它的代码包括五种：短促的点信号“·”，读“滴”（Di）；保持一定时间的长信号“—”，读“嗒”（Da）表示点和划之间的停顿、每个词之间中等的停顿，以及句子之间长的停顿。

摩尔斯电码在早期的无线电史上有着举足轻重的地位，是每个无线电通讯者必须掌握的。随着科技的发展和通讯技术的进步，世界各国已于 1999 年停止使用摩尔斯电码。但由于它所占的频宽最少，能在高噪声、低信号的环境下使用，且由于其国际通用的属性，可以使得不同母语的操作员轻松沟通，所以在无线电爱好者和徒步登山爱好者中依然有很广泛的应用。

2. 摩尔斯电码表（美式）。

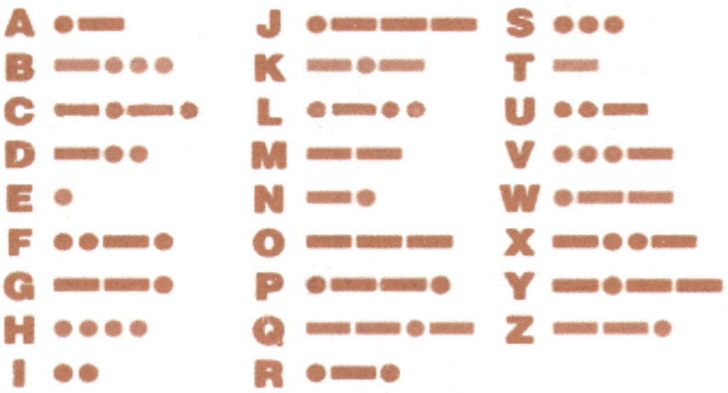

图6-4

3. 传送讯号和接收讯号的方法。

（1）需要额外记住并使用的三个讯号。

①通讯前一定要记得使用“开始”讯号“—·—·—”。

②如果通讯途中发生错误，要先发出表示“错误”的讯号“······”，再传递正确的讯号。

③通讯结束时，一定要记得加上表示“结束”的讯号“···—·”。

（2）传送讯号。

①先将要传送的内容写在纸上。

②然后将摩尔斯电码加注在旁边。

③一边看原稿一边传递讯号。

（开始） —·—·—

———·—

···—

··

·—··

—·———

———

（结束） ···—·

图6–5

（3）接收讯号。

①准备纸笔，将讯号记录下来。

②每字之间的段落要特别注意，才不会写错。

③将摩尔斯电码转换成文字。

➡摩尔斯电码在非无线电通讯时的应用

“S.O.S”是国际摩尔斯电码救难信号，并非任何单词的缩写。国际无线电报公约组织于1908年正式将它确定为国际通用海难求救信号，后引申为所有情况下的求救信号。使用这三个字母的组合是因为它的电码“···———

· · ·”，在电报中是发报方最容易发出的电码，也是接报方最容易辨识的电码；而在利用字母图形的求救信号上时，观察者无论是正看还是倒看，都不容易引起歧义。

1. 利用光线求救。

（1）按照上面的规定，即可使用灯光进行非常简单的编码：“三短、三长、三短”。如果灯光是按照“短亮－暗－短亮－暗－短亮－暗，长亮－暗－长亮－暗－长亮－暗，短亮－暗－短亮－暗－短亮－暗”这个规律来显示的话，那么它就意味是求救信号“SOS”。

（2）若是用头灯或手电来发送求救信号，那么就不需要使用电源开关来实现灯光的明与暗，需要暗时用手遮挡即可。

（3）此种方法在白天使用时，可利用镜子反光来实现，用镜子将光反射到目标物上。

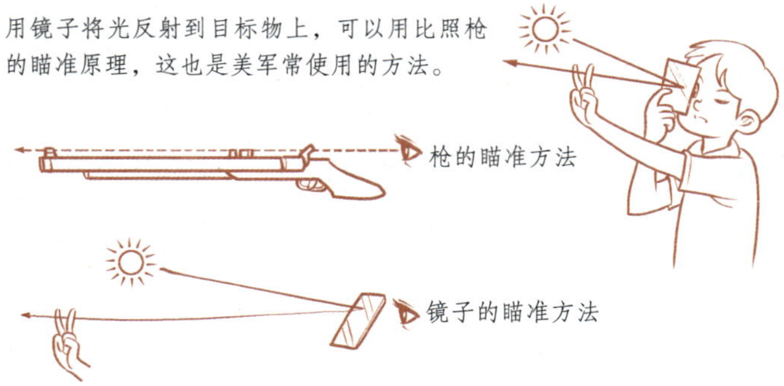

图6–6

2. 利用数字求救。

“SOS”的数字表示为“191519”，因为 S 为字母表中第 19 个字母，O 为第 15 个字母。使用数字表示方法既可以求救，又可以不暴露自己，相对比较隐蔽。

➡ 世界通用的紧急讯号

无论是何种讯号，只要是连续发出三次，且间隔时间固定，就是代表紧急求救讯号。

1. 使用方法。

（1）发出讯号。

1 分钟重复 6 次讯号，然后休息 1 分钟，再做一次 1 分钟 6 次讯号。

（2）回应讯号。

1 分钟重复 3 次讯号，然后休息 1 分钟，再做一次 1 分钟 3 次讯号。

2. 应用场景。

（1）使用光线求救。

比如头灯、手电、镜子反光等。

（2）使用声音求救。

比如哨笛、大鼓、圆桶等。

（3）使用烟雾求救。

在地面上点三堆间隔相等的烟雾。

第七章　气象观测

开展营地教育时，气候变化会对活动是否能顺利且安全进行影响很大，我们可以通过观察云的种类、风向及风力大小、日月星辰的情况来预测天气的变化。由于气象学中关系到许多其他因素，因此做长期气象预测的难度很大。但通过学习和经验的积累，简单及短期的气象预测还是比较容易掌握的。

➡ 气象观测的基本常识

1. 云是如何形成的。

（1）烧开水时，从水壶口会喷出含有大量水汽的水蒸气，当热的水蒸气遇到外界的冷空气就会变冷，变成白色的蒸汽。

图7–1

（2）在大自然中，当冷空气和暖空气碰触时，就会形成云层。

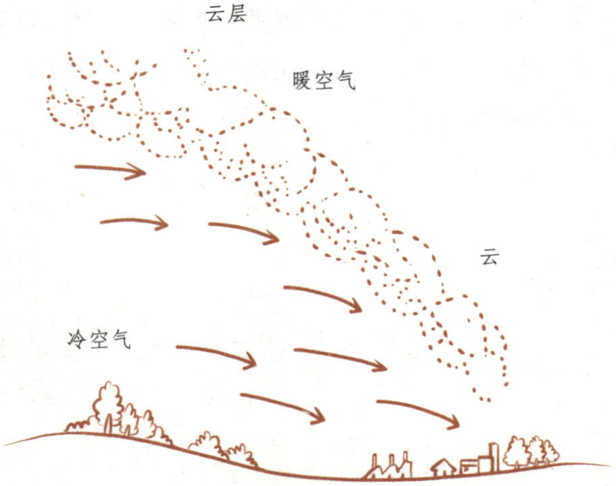

图7–2

2. 我国气候的类型特点。

（1）温带季风气候。

受冬夏季风交替控制，夏季高温多雨，冬季寒冷干燥。

（2）温带大陆性气候。

受大陆气团控制，冬寒夏热，气温日、年温差大。

（3）亚热带季风气候。

受冬夏季风交替控制，夏季高温多雨，冬季温和少雨。

（4）高原山地气候。

气温主要受海拔高度影响，海拔越高气温越低。

（5）热带季风气候。

受冬夏季风交替控制，全年高温，分旱季和雨季。

3. 我国气候类型的分布图。

图7-3

4. 气压对天气的影响。

（1）高气压的影响。

如果某地区已经形成了高气压，那么空气就会在水平方向上向周围地区流出，因此该地区上方的空气就会下降，而下降的空气使得温度升高，空气中的凝结物就会蒸发消散，所以高气压中心地区不利于云雨的形成，常常是晴天。

（2）低气压的影响。

如果某地区的气压低，周围地区的空气就会在水平方向上向该地区流入，从而使得该地区的空气上升。上升的空气随着温度降低会凝结空气中的水汽，所以低气压中心地区常常是阴雨天。

5.“锋面”的概念。

（1）锋面。

当冷空气遇到暖空气时，接触的部分为锋面，此时云层就会产生，天气开始不稳定。

（2）锋面前线。

锋面和地表的交接线称之为锋面前线，当在地面上的人开始感受到气候的突然变化时，就正处于锋面前线。

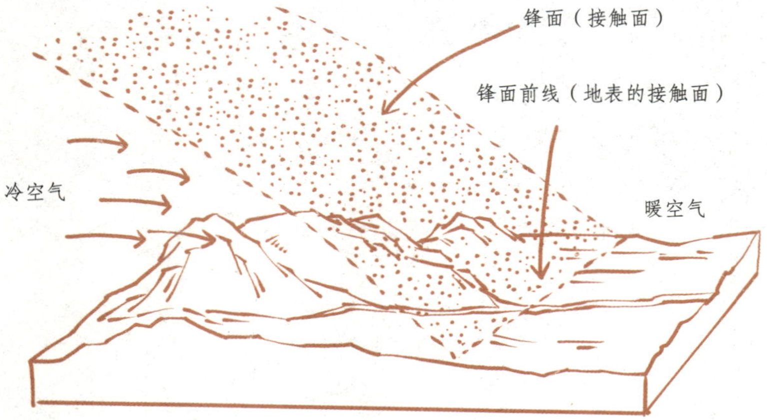

图7–4

6. 冷锋与暖流。

（1）冷锋。

当冷空气遇到暖空气时，由于冷空气较重，会积沉于暖空气的下方，这时冷锋面所产生的云雨带，被称为冷锋。由于冷锋面的角度较大、云层较厚，所以降雨区域会狭小、通过的速度也快，冷锋通过之后，气温会急剧下降。

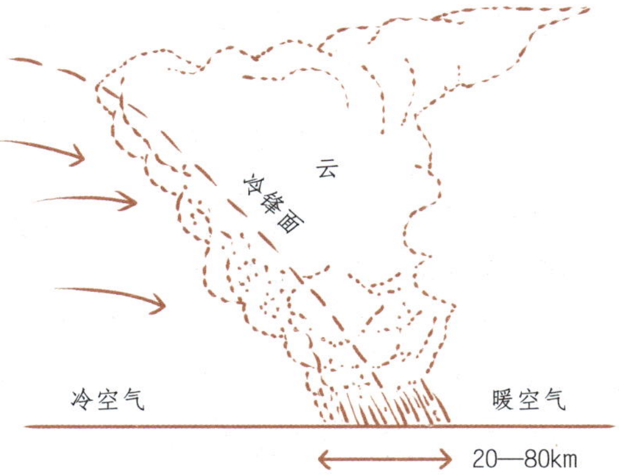

图7-5

（2）暖流。

当暖空气遇到冷空气时，由于暖空气较轻，会漂浮于冷空气上方，此时暖流面所产生的云雨带被称为暖流。由于角度较小，锋面通过的速度慢，因此降雨的区域会较大，时间也会较长，但通过之后气温就会升高。

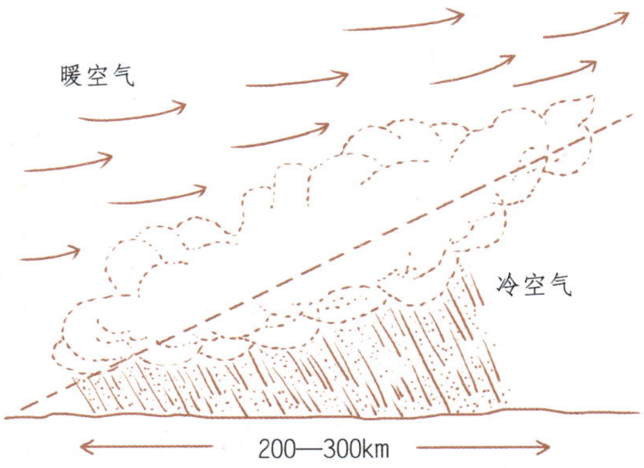

图7-6

➡ 看云识天气

在气象学中，不同的云被分为十大类。小伙伴们若能辨认，并在生活中经常观测，便能知道这些云分别都预示着什么样的含义，这样就可以预测天气情况了。

1. 云的分类及征兆。

（1）高层云。

① 卷云：

像白色绢丝一般闪耀的上层云。如果越来越少，则表示未来几天都是好天气；如果在晴空中越来越多，就是天气要变坏的征兆。

② 卷积云：

由无数冰粒集结而成的斑点状云层。如果天空中整天都密布的话，就表示天气即将变坏；若在秋冬时则表示风力会变强。

③ 卷层云：

像薄纱一般覆盖于天空的云层。若是紧接于卷云、卷积云后出现，就表示天气要变坏了。

（2）中层云。

① 高层云：

预示坏天气的灰色厚云。当气温开始上升，并且出现卷积云时，降雨就会开始。

② 高积云：

比卷层云还大块的云层。当云越来越厚时，表示天气即将变坏。

（3）下层云。

① 层积云：

产生云海的云层。通常在山脊线出现，出现后天气就会跟着变坏。

② 层云：

像雾状的云层。出现层云，不会下雨，阳光升起后就会消失；但如果在这之上还有云层，天气就会变坏。

（4）垂直分布的云层。

① 积雨云：

密布于高空的乌云，云层的周围极速变暗，并伴随倾盆大雨及雷声。

② 积云：

漂浮于晴空中的块状云层，继续变大就发展为积雨云。

③ 雨层云：

云底很低的灰色乌云，会降雨或降雪。

2. 云层的基本位置。

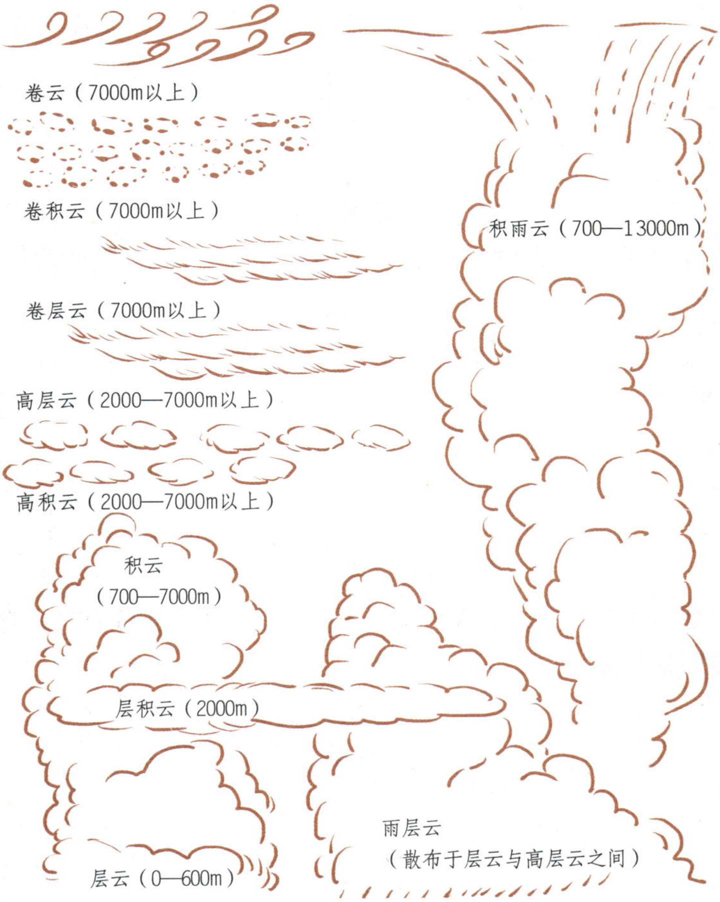

图7-7

➡ 用古人的方法预测天气

古人没有现在的气象学知识，虽然不知道风、雨、雪的成因，但在长期的生活实践中，通过观察积累，总结出了许多有用的经验，其中也不乏科学根据。

1. 根据天空现象预测。

（1）高山被云雾缠绕，这是低气压即将到来的征兆，表示天气要变坏。

图7-8

（2）夏季出现积雨云是晴天的征兆，因为积雨云是高气压笼罩的征兆。

图7-9

（3）出现日晕或月晕预示着快要下雨，这是因为太阳或月亮被卷层云包围，低气压即将来临了。

图7-10

（4）在我国北方有“朝霞不出门，晚霞行千里”的俗语。朝霞出现预示下雨，这是因为能看到朝霞的时候，空气中已有云层出现，随着太阳升高，热力作用的增强，空气中的对流进一步发展，容易出现阴雨天气。晚霞出现预示晴天，这是因为当我们能看到晚霞时证明更远的西边没有云层，阳光才能照射到我们看到的云层形成晚霞；我国北部地区大多是温带季风气候，空气常年自西向东流动，这说明高低气压的交互很快就会过去；而当太阳下山后，空气对流会减弱，天气一般就会晴好。

图7–11

（5）早晨出现彩虹预示下雨，黄昏出现彩虹预示晴天，这和出现朝霞或晚霞的气象原理相似。

图7–12

（6）闷热过后会下雨，这是因为低气压接近时湿度与温度都会变高，从而产生闷热。

图7–13

（7）下雪后的第二天通常是温暖的晴天，这是因为低气压之后，高气压接着到来了。

图7-14

（8）日出后霜未融解是晴天的征兆，这是因为高气压的强盛导致夜间寒冷，温度下降，使得霜不融解。

图7-15

（9）天空中布满闪耀的星星第二天会起风，这是因为处于低气压时上层风会变强。

图7-16

（10）夜空中万里无云，这表示处于高气压，第二天会是晴天。

图7–17

（11）能看见许多远方的星星，这表示锋面即将接近，第二天会下雨。

图7–18

（12）飞机云出现时第二天会下雨，这是因为飞机飞过的空气中水汽含量大。

图7–19

2. 根据动物的活动预测天气。

（1）猫洗脸表示天气将变坏，这是因为低气压接近导致的气压变化。

图7–20

（2）青蛙叫不停，表示将要下雨，因为青蛙的身体对湿气很敏感。

图7–21

（3）蚂蚁搬家，表示要下大雨，地下水位会高涨。

图7–22

（4）蚊子成群飞舞，表示天气将变坏。因为低气压接近，使得湿度变高，蚊子更愿意繁殖。

图7–23

（5）燕子低飞要下雨，高飞则天晴。因为低气压接近时，低飞方便燕子捕食。

图7–24

（6）蜘蛛清晨结网，天气将变好。聪明的蜘蛛不会在风雨天及黄昏时结网。

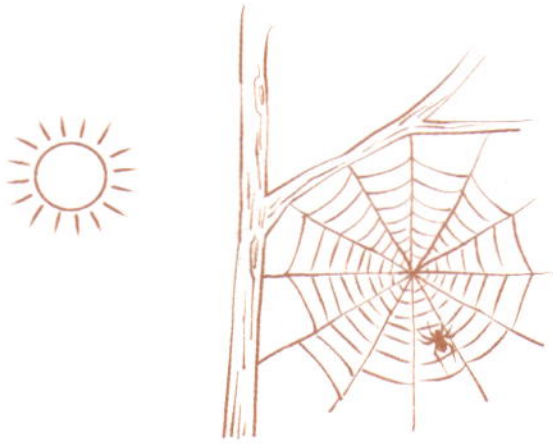

图7–25

（7）麻雀一大早唱歌，不但给人带来好心情，还预示着好天气。这是因为晴天天亮比较早啊。

图7–26

（8）青蛙待在低洼处，表示天气晴朗，这是因为低洼处比较潮湿，而高处太干燥。

图7–27

（9）猫头鹰啼叫表示天气将晴朗，因为猫头鹰在天气好的夜晚活动力才旺盛。

图7-28

3. 根据植物的变化预测天气。

（1）当低气压接近，导致湿度改变时，植物们会有什么表示。

①樱花向下垂，表示午前会下雨。

图7-29

②蒲公英开花会出现晴天，不开花则会下雨。

图7-30

③ 合欢叶打开会出现晴天，闭合则会下雨。

图7-31

④ 松果张开是晴天，闭合则会下雨。

图7-32

（2）葫芦花开一整天，第二天会变天，这是因为阴天时光线会变弱。

图7-33

（3）银杏皮放在木板上如果弯曲就表示好天气，因为空气干燥。

图7-34

（4）紫苜蓿的叶子张开表示天气变好，这是因为天气晴朗，阳光充足。

图7-35

（5）树叶叶片上有露珠凝结是晴天，因为高气压笼罩，没有风。

图7-36

（6）看得见树叶内侧时一定是个好天气，因为阳光好时树叶才会挺立起来。

图7-37

4. 根据周围的物品变化预测天气。

（1）石头变潮湿，天气将会变坏，因为低气压接近导致湿度升高了。

图7–38

（2）饭碗内的饭粒可以扒干净时是雨天，反之则是晴天，这也是因为低气压使得湿度有所变化。

图7–39

（3）当天空的云层变多时，我们能听见远方传来的声音，这表示天气将变坏。

图7–40

（4）在春季和秋季，海水涨潮时会下雨。这是因为当旺盛低气压接近时，海平面升高了。

图7–41

（5）能将远方的高山看得很清楚，这表示晴天，因为高气压笼罩了广大地区。

图7-42

（6）头发时常会翘是雨天的征兆，因为头发对空气中的湿度敏感，所以才翘起来了。

图7-43

（7）冻伤处疼痛预示雨天将至，这是因为当低气压接近时，湿度和温度同时发生了变化。

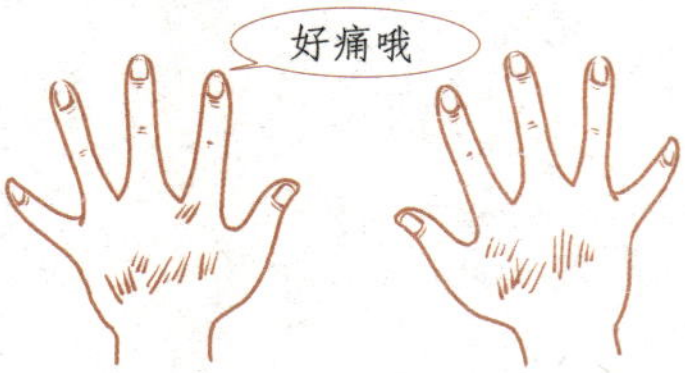

图7-44

（8）未愈合的伤口处疼痛预示着第二天是晴天，因为受高气压的影响，空气变干燥了。

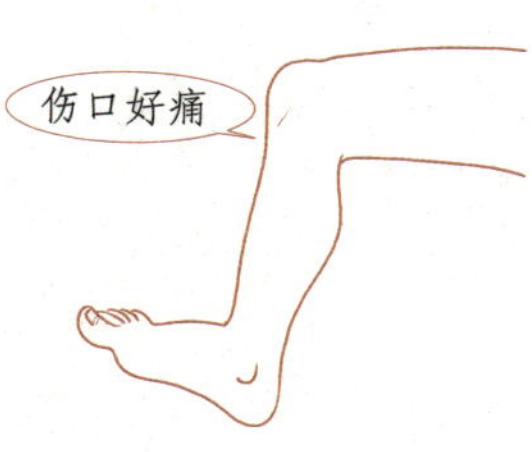

图7-45

（9）点火时火焰周围出现较多火花，预示快下雨了。这是因为当低气压接近，空气的湿度增加了。

图7–46

➡ 现代预测天气的方法

1. 天气预报。

我们可通过电视、报纸、手机、电脑、收音机等媒介收集到气象台发布的，关于当天以及未来几天的天气预报，这对于城市生活确实非常便利；然而对于户外环境而言，天气预报只能作为参考，并不能全然依赖，原因如下：

（1）气象预报只能预报相对较大的范围，对于山区的小气候，并不会做特殊预测。

（2）在山中经常会没有信号，从而不能保证随时得到预报资讯。

（3）气象台关于天气状况的预报，会以最临近预报时间点的预测为准，以求准确。因此需要预测的时间点越近，得到的预报就越准确。而当小伙伴们出发后，如果天气出现了突发改变，那么之前获得的天气预报信息就不够准确了，而最新的预报又不一定能及时收听到。

2. 气压计。

一般户外运动表或手持电台，都有查看气压的功能。通过查看气压变化，再结合经验，小伙伴们可以做出更准确的气象预测。

➡ 山中气候的特征

山中的小气候与我们平时在平原地区的气候不一样，要复杂一些。

1. 山风的特征。

（1）山风因山高而不同。

海拔 3000 米以上的高山，常年吹着强劲的西风，冬天风速更会加强 2—3 倍。不过，当低气压接近时，风势也会受到影响。

而海拔较低的山区，受到地形等因素的影响，天气通常会比天气预报更提早变坏且延迟变好。

低海拔地区的天气直接参考天气预报即可。

（2）谷风和山风。

① 谷风：

山区白天受到阳光照射，空气会变热变轻，产生上升气流，所以吹的是谷风。

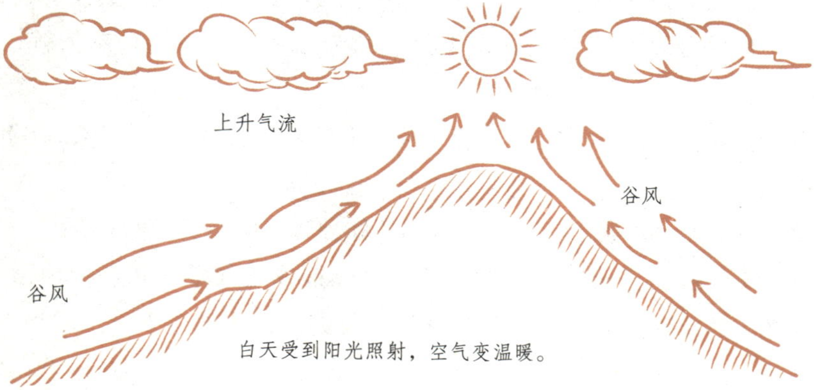

图7–47

② 山风：

夜晚时空气变冷变重，成为下降气流，所以产生的是山风。若出现这种情况，则表示天气将有变化。

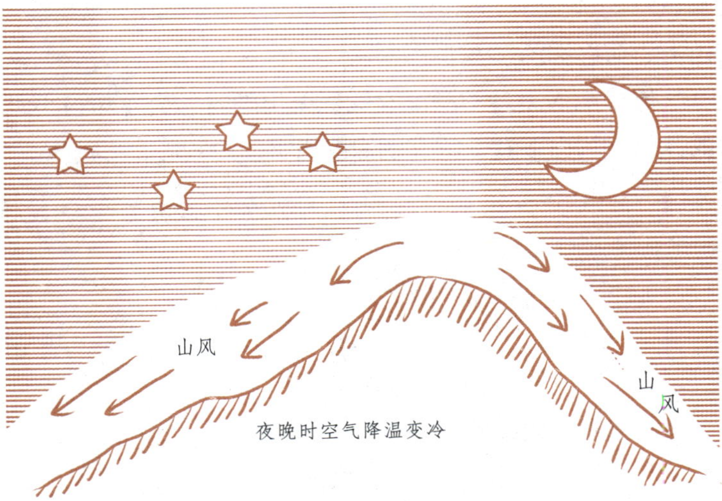

图7–48

（3）风力时段。

山区风力最强的时候一般在日出之前，而最弱的时候在正午前后，这与平原地区正好相反，所以在山区活动的时间以早上到黄昏之间的时段为宜。

2. 山中气温的特征。

（1）气温与高度成反比。

山区高度每增加 1000 米，气温下降 6 摄氏度。

（2）山腰地区多雨。

因为空气中的水蒸气上升到山腰时遇冷会凝结成雨水。

（3）焚风效应。

干燥的空气越过山顶时，每下降 100 米，气温增加 1 摄氏度。

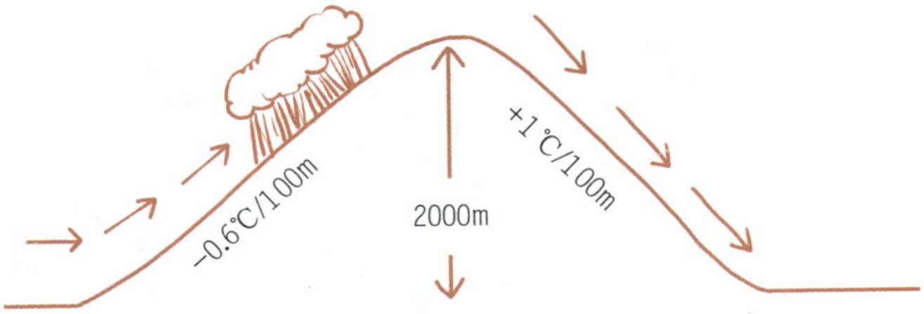

图7–49

3. 山中云雾的特征。

（1）山上为何起雾。

受上升气流影响而上升的潮湿空气飘至山腰时，会冷却为小水滴，这就是雾产生的原因。从山下看，浓雾就像围绕山顶的云层。

图7-50

（2）为何雾上升后就会散去。

雾上升时遇到了同样上升的干燥空气就消散了。

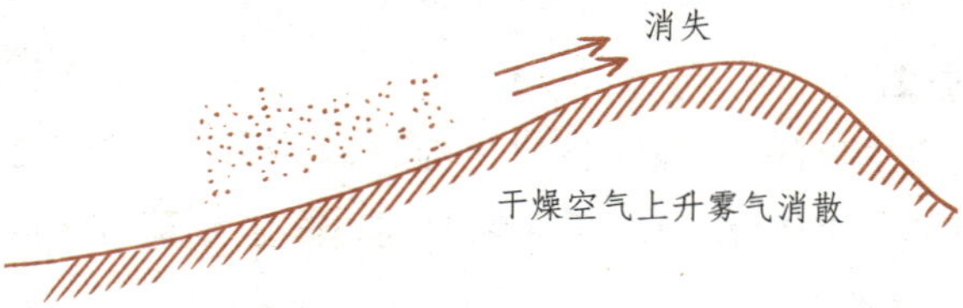

图7-51

4. 山雨的特征。

（1）山坡的雨势。

当山雨伴随山风时，迎风山坡的降雨量会特别多。若有可能，请尽快转移到背风坡，但不要下到谷底，因为谷底积水会很快，可能会有风险。

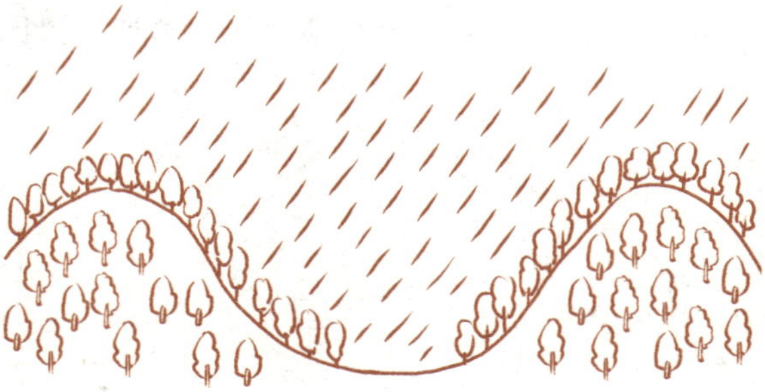

图7-52

（2）山脊上的雨势。

山脊上下雨时，雨势有可能会呈横飞或自下而上的方式。这时雨具甚至雨衣都派不上用场，除非穿着冲锋衣裤，否则身上一定会湿，所以最好尽快离开。

图7–53

第八章　地图与导航

学会正确地使用地图及掌握正确的导航方法对于我们安全地开展户外活动和营地教育十分重要！

“北”的概念

当小伙伴们外出时，找到“北”很重要。因为一旦确定了北方，以北方作为参照，四个基本方向，东、南、西、北都可以确定下来；而在此基础上拓展的八个方向（加上东北、东南、西北、西南），甚至十六个方向（加上北偏东、东偏北、东偏南、南偏东、南偏西、西偏南、西偏北、北偏西）也都能确定下来。

1.“北”有很多含义，在寻找方向时，实际上可分为三种：真北、磁北和坐标北。专业的测量地图通常会标全这三种北向。

（1）真北。

地理上指向北极点的方向。

（2）磁北。

指南针上显示的地球磁场北极方向。

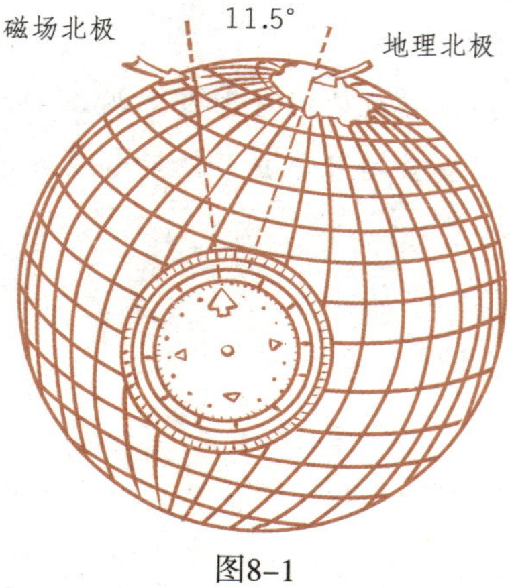

图8–1

（3）坐标北。

也叫网格北，是地图上指向的北的方向。地图是平面的，地球却是球面的，所以北的方向就会有一些细小的差别。这意味着，在一张地图上指示的北，根据地点的不同，可能会出现在A地时是真北，而在B地时却是坐标北的情况。不过在一般的户外活动中，这些细微的差别可以忽略不计。

2. 磁差。

磁北与真北相差的角度叫作磁差，也称为磁偏角，有偏东和偏西之分。如果磁北的方向在真北的东面，叫作东磁差，记以 E 字或 + 号；反之，磁北的方向在真北的西面，叫作西磁差，记以 W 字或 – 号。磁差偏东或偏西及其角度的大小，依各个地方而不同，并且随着时间而变化，范围在 0 度到 180 度。

近些年，北京市的磁差为向西 –6 度左右，哈尔滨为向西 –10 度左右，而乌鲁木齐则是向东 +3 度左右。

小伙伴们在开展活动前，需要先了解所在地区的磁差，这一点对于辨明方向和导航十分重要。比如，在磁差 6 度的时候，每前进 1000 米，会有 105 米的误差，由此可知补正磁差的重要性。

图8–2

正确使用地图

这里所说的地图，是依据一定的绘制法则，按照一定比例，运用线条、符号、颜色、文字注记等，通过制图方法来描绘显示地球表面自然地理面貌的图。

➡ 地图的基本信息

1. 比例尺。

地图一般都会清楚地写明比例尺，通过比例尺，可以计算两点之间的实际距离。比如 1：25000 的地图，就是将实际的地理空间缩小了 25000 倍显示在地图上；也就是说，地图上 1 厘米的长度，相当于实际上 250 米的长度。

2. 图例。

图例是地图上用来表示地理事物的符号。如果没有这些符号，在绘制时对于每个地点都详细说明，这会让地图上布满密密麻麻的文字，妨碍使用者对地图的阅读，所以使用图例能让地图保持简洁。一般在地图下方，会有对图例符号含义的解释。

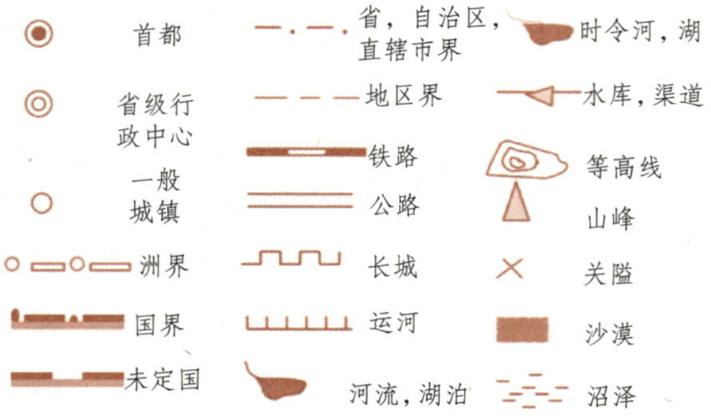

图8-3

3. 指向标。

用于指示地图上的方向。专业的陆地测量图会标明全部的三个北向。

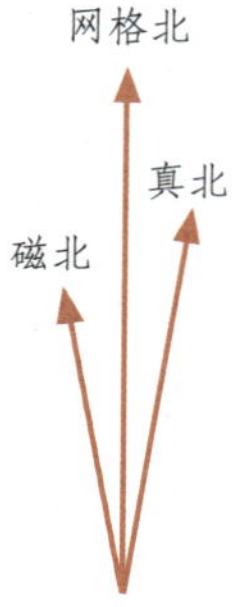

图8–4

4. 全球网格。

通过在地球周围画东西走向的环，来代表与赤道平行的纬度线；然后画通过极点与赤道垂直的经度线，形成网格。地球表面的任何位置都可以通过网格来定位。

根据国际规定：

大地纬度数值在 0 度至 90 度，赤道为 0 度。赤道以北被称为北纬，标记为“N”；赤道以南被称为南纬，标记为“S”，极点为 90 度。

大地经度数值在 0 度至 180 度。将通过英国首都伦敦格林威治天文台原址的那条经线，定为 0 度经线，也称本初子午线。0 度经线向东被称为东经，标记为“E”；0 度经线向西被称为西经，标记为“W”。

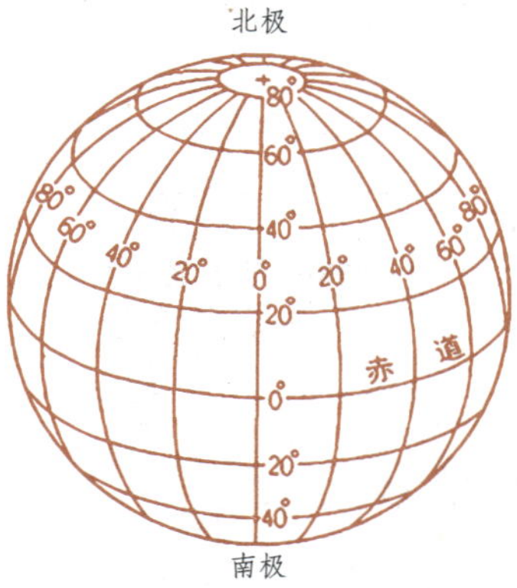

图8–5

5. 等高线。

等高线就是把地图上相同高度的相邻各点连成闭合曲线。把地面上海拔高度相同的点连成的闭合曲线，垂直投影到一个水平面上，并按比例缩绘在图纸上，就得到等高线。由于地图是平面的、二维的，而实际的山势却是立体的、三维的，所以地图上就增加了等高线来弥补所缺少的这个维度。学会看等高线，在登山过程中会有很大的帮助。

在 1∶25000 的地图上，每距离 10 米的标高差就会画上一条等高线，而每隔 50 米高度就会以一条粗线表示。如果想知道等高线的地形是何种坡度或样子，只要做成切面图就可一目了然。

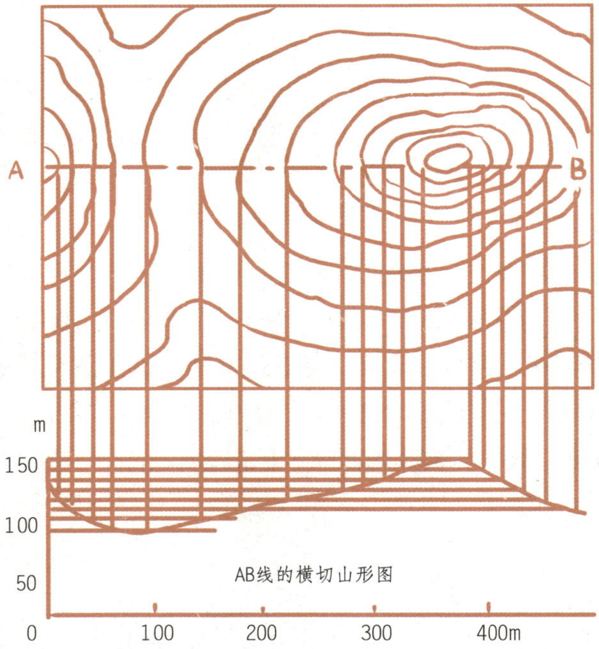

此图是将1∶25000的地图放大2.5倍的效果

图8-6

➡ 通过等高线了解实际地形

1. 根据地图栏外标识的等高线高度，小伙伴们可以确定所在位置的海拔高度，或是要经过路程的海拔高度。

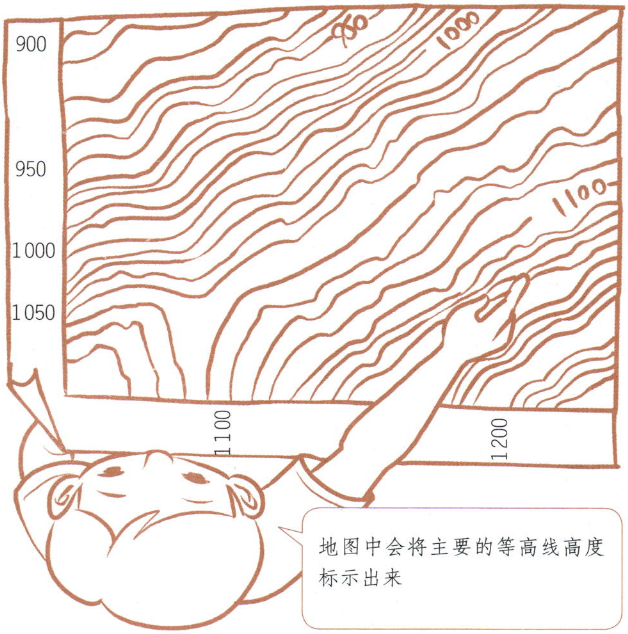

图8-7

2. 等高线的疏密与地形的关系。

（1）等高线越密集说明地势越陡峭。

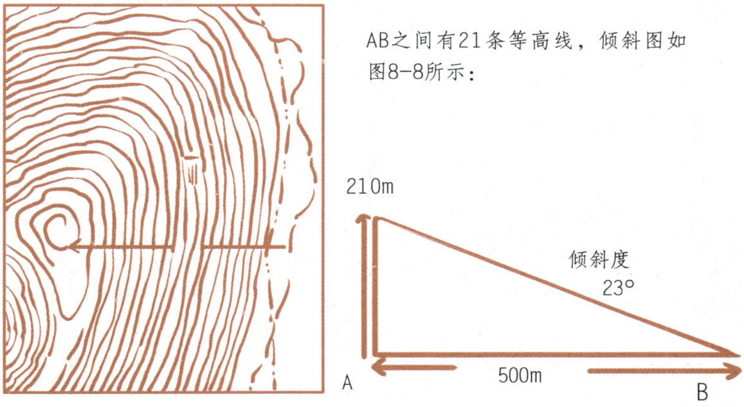

图8-8

（2）等高线宽疏时则表示地势较为和缓。

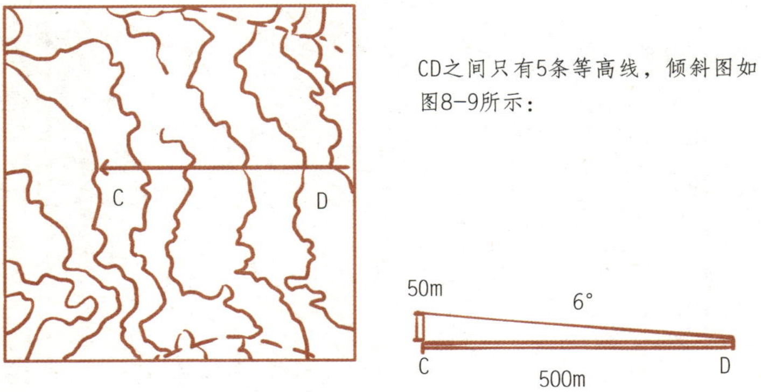

图8-9

3. 等高线地图与实际地形的比较。

（1）平缓斜坡。

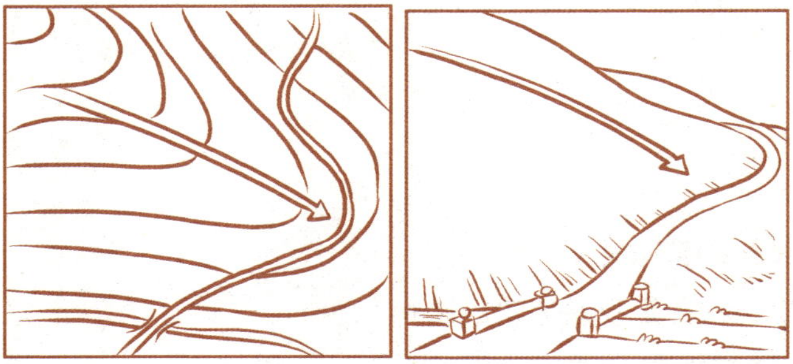

图8-10

（2）陡峭斜坡。

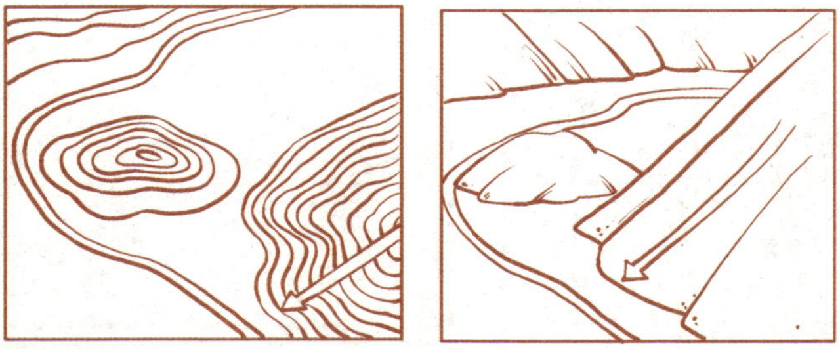

图8-11

（3）悬崖。

图8-12

温馨提示 在同一幅图内，除了悬崖以外，不同高度的等高线不能相交。

（4）山口。

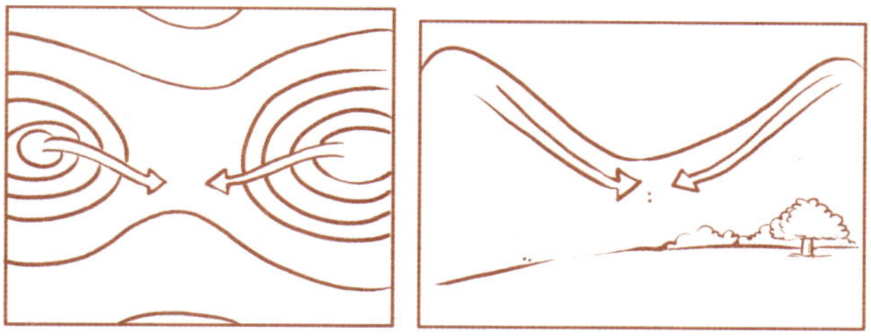

图8-13

➡ 地图的收纳

在小伙伴们开展户外活动时，一定要正确地收纳地图才能保证地图不丢失或损坏。

1. 将地图完全打开，若是较新的地图，研究地图的折痕，折痕会指示正确的折叠步骤。

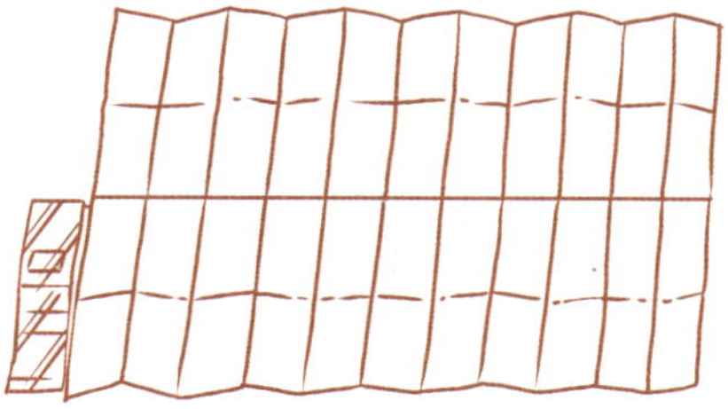

图8-14

2. 将地图的上半部与下半部重合并对齐。

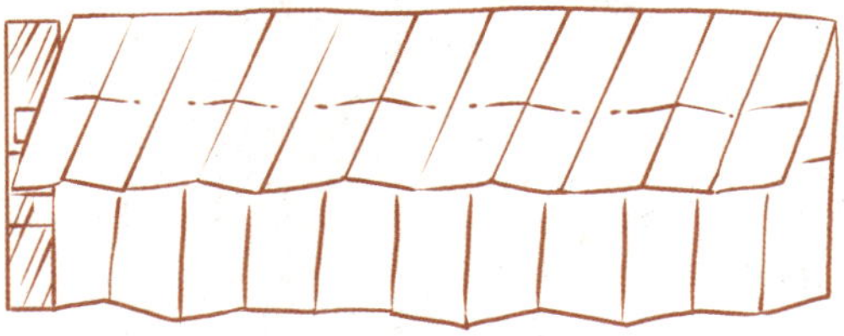

图8-15

3. 将地图折叠成手风琴形状，确保封面朝上。

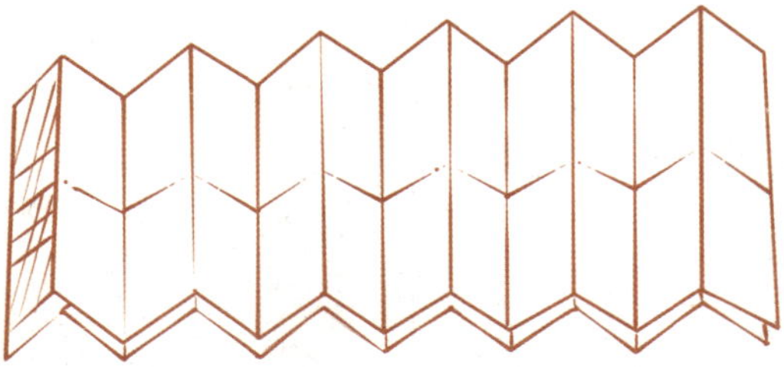

图8-16

4. 将地图折叠到封面内侧。

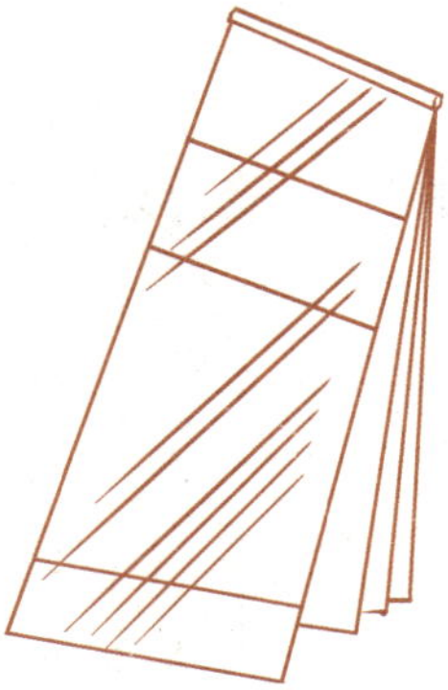

图8-17

5. 将地图放入防水袋，确保不会被打湿。

6. 将地图放在容易存取的位置，确保不会丢失。

正确使用指北针

多年来大家习惯性将能指出南北方向的工具叫作指南针，其实这只是一个习惯上的称呼，更加准确的叫法应该叫作指北针。

我们的地球是个大磁场，如果小伙伴们真正了解“北”的含义，学会了看地图，再加上正确地使用指北针，在户外的相关活动中就可以做到精确导航。即便在有卫星帮助导航的时代，使用指北针也是必须要掌握的技巧。

地球的磁场为南北走向，加上地图“上北下南，左西右东”的制图原则，对于生活在北半球的人来说，大家都习惯性地先找“北”，然后再来确定别的方向。

➡ 指北针的类型与使用

1. 简单型。

主要有拇指型和纽扣型，外形小，携带方便，但是通常精确度不高。

使用简单型指北针补正磁差的方法：

（1）将指北针水平摆正，选定一远方目标瞄准，以北京地区磁差 –6 度的地点为例说明。

图8–18

（2）一根手指的宽度约为1度视角，将右手臂伸长，闭上左眼，将6根手指宽度的距离对准目标物瞄准。

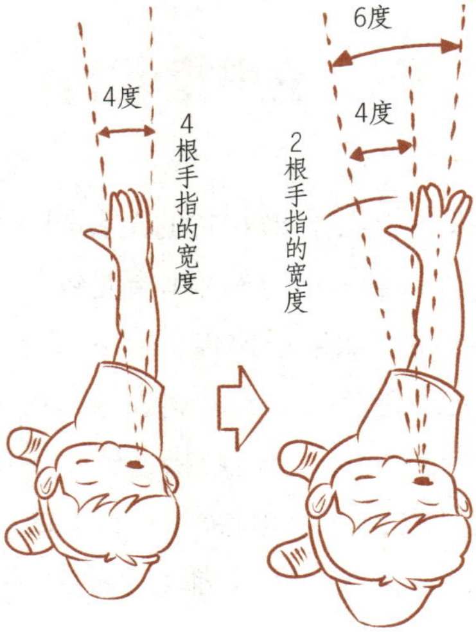

图8-19

（3）向东移动6根手指的宽度，寻找另一目标物瞄准，此目标物所指的方向即为正北。

图8-20

2. 使用附有补正磁差功能的指北针。

这种指北针是将磁北针做成一个转盘，附在正北针的刻度上。

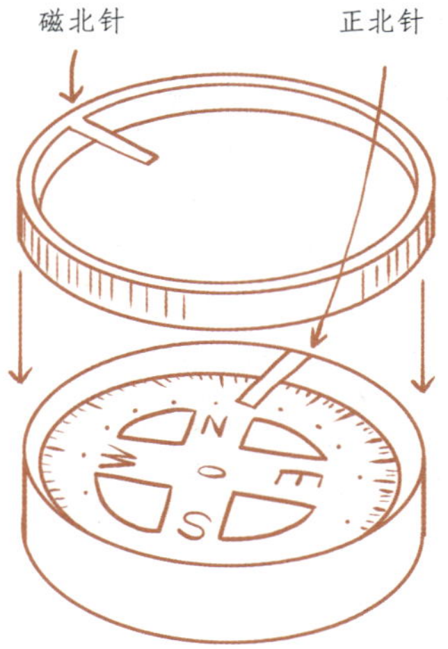

图8–21

（1）假设当地的偏角为 –8 度，就将转盘转在 8 度的位置上。

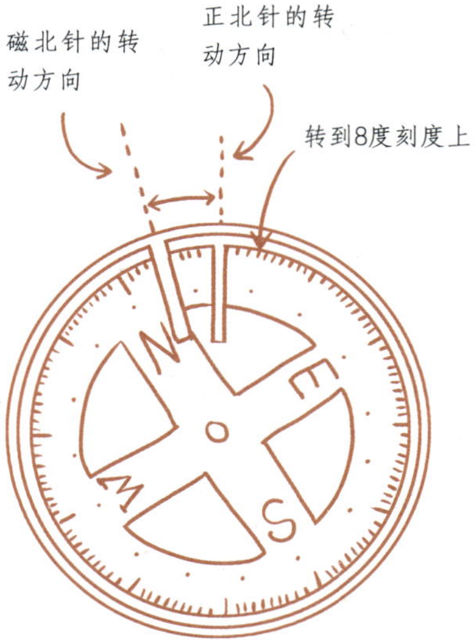

图8–22

（2）此时指北针上的正北针应该与地图上的北方线重合，而指北针上的磁北针所指方向即为地球磁场北极方向。

图8–23

➡ 全球定位系统的应用

全球定位系统简称 GPS，能够根据环绕地球的卫星所发出的信号，在全球范围内进行定位。GPS 接收器的大小和手机相仿。现在很多手机也已配备了 GPS。

1. 手持 GPS 的优点。

（1）能自动提供坐标和海拔。

（2）能计算出来运动的时速。

（3）地图和指北针都集中在其中。

（4）可根据不同时区预报日出日落时间。

（5）可提供气压数据，帮助预报天气。

（6）可下载别人走过的路线。

2. 手持 GPS 的不足。

（1）价格比较贵。

（2）机型较大，有一定重量，相对来说携带不是太方便。

（3）任何内置地图之外的地图，都需要另行付费，而且价格昂贵。

（4）耗电量快，不适合长时间使用，而且电池容易在低温下表现不佳。

（5）设备需要接收至少四颗卫星信号才能正常使用，而在某些地方，卫星信号并不能保证。

（6）如果使用手机 GPS，确实可以在出行时少带一个设备。但如果手机没有内置的全球定位系统，那 GPS 功能只有在手机有信号的情况下才能使用。

➡ 其他确定方向的方法

即使没有指北针和 GPS，有经验的小伙伴也能辨别方向，因为周围的环境能提供许多有用的线索。虽然使用这些方法并不能做到百分之百精确，但如果掌握了，至少不会让我们偏离目标太远。

1. 手表测定法。

在北半球的白天，时间以 24 小时计数，把当前的时间除以 2，所得到的时间的时针位置对着太阳的方向，那么表盘上 12 点所指的方向就是北方。例如，当前时间是 16 点（下午 4 点），除以 2 得到的结果为 8 点，把 8 点时针所在的位置，也就是表盘上的 8 对准太阳的方向，那么 12 点所对的方向就是北方。

图8–24

2. 寻找北极星。

在北半球晴朗的夜晚，先找到北斗七星。在北斗七星末端（斗勺）最亮的两颗星五倍的延长线上，可以找到亮度二等的北极星，北极星是小熊星座中最亮的一颗。北斗七星的斗柄在春夏秋冬的时候分别指向东南西北的方向。

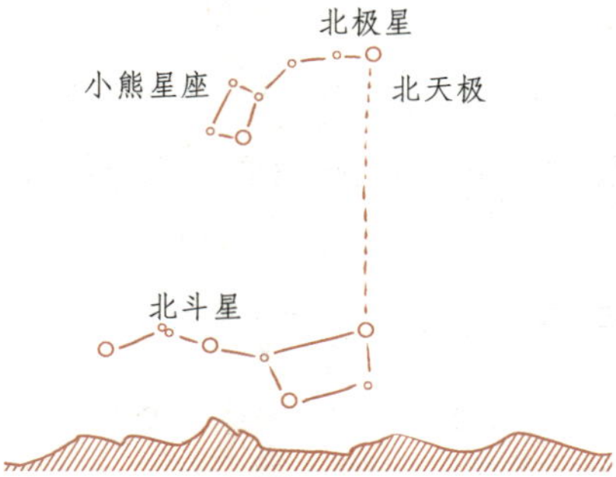

图8-25

3. 观察月亮。

在北半球的夜晚，观察到新月时，想象将新月的两个角连接起来的一条线，将其投射到地平线上，这个投射点大致接近南。

图8-26

4. 影子测定法（此方法在正午时分最为准确）。

（1）将木棍竖直插在地里，用鹅卵石或其他物品标注出木棍在阳光下影子的尖端。

图8-27

（2）至少等 10 分钟，用第二个物品再次标注。

图8-28

（3）将两个标注点连接成线，指示的即为东西方向。第一个标注物表示的方向为西，第二个标注物表示的方向为东。

图8-29

5. 星光测量法。

（1）将长木棍以倾斜的角度插入地面，将绳子的一端系到木棍末端。躺在地上，将绳子放在太阳穴，与显眼的星星对齐。

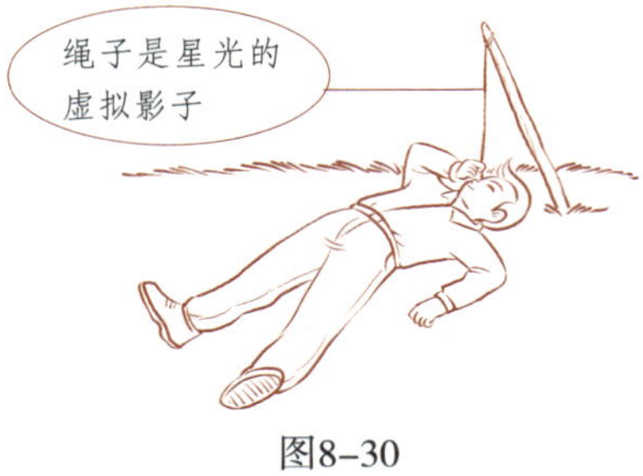

图8-30

（2）分别两次标记星星在地面的投影位置，第一次标记的位置为西，第二次标记的位置为东。

图8-31

6. 融化的雪。

在树下融化的一侧表示北半球的南。

图8-32

7. 侵蚀的冰。

在北半球，大型岩石基座被侵蚀的一面为南。

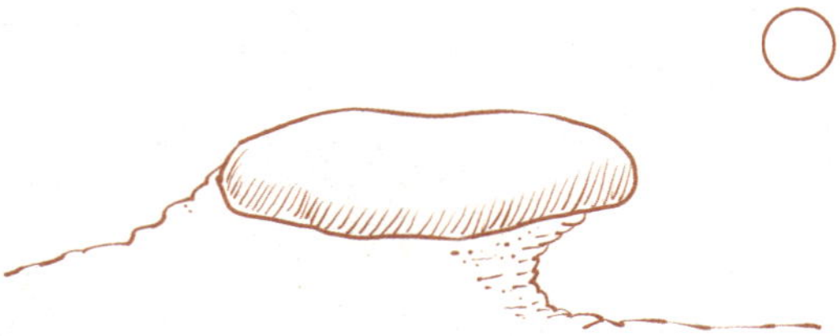

图8-33

8. 寻找苔藓。

在北半球，苔藓通常在树干的阴影处，也就是北面长得更好。

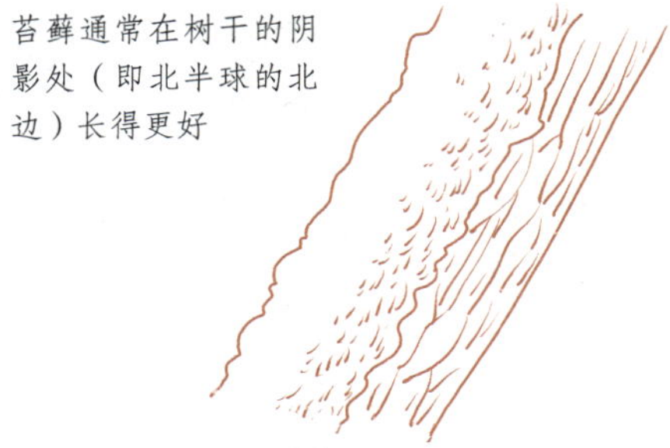

图8-34

9. 旅行者棕榈。

棕榈树的叶子形成了引人注目的扇形，通常呈东西排列。

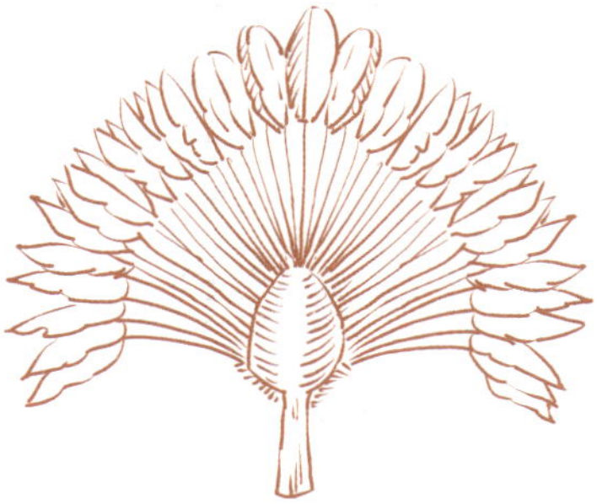

图8-35

10. 观察树貌。

如果知道当地盛行的风的方向，通过观察树貌，也能判断方向。

图8-36

11. 利用地图。

在没有指北针的情况下，将地图上的标志物和观测到的实际景物对应，可以知道方向和所处的大致位置。

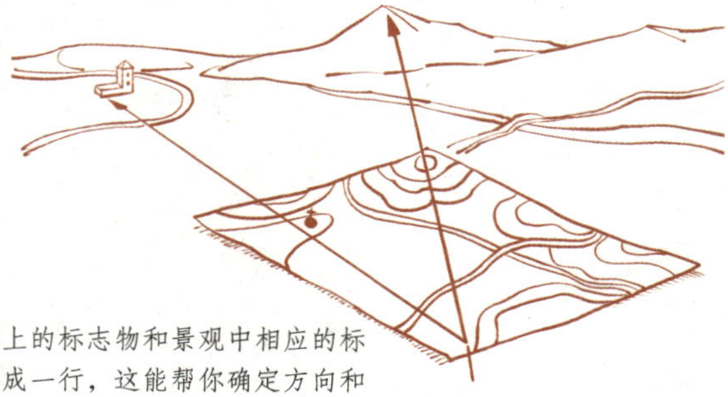

将地图上的标志物和景观中相应的标志物排成一行，这能帮你确定方向和你大致的位置。

你所处的位置

图8–37

温馨提示 以上谈到的辨认方向的方法，建议小伙伴们在携带指北针的情况下多加练习使用，并以指北针来验证辨认结果；待熟练掌握之后，关键时刻就能派上用场啦。

第九章
风险评估与应急处理

具备足够的安全意识，掌握必备的求生手段，是将风险概率降低的最有效的方法。

客观地来说，在我们生活中的任何场景和任何时间段，都有发生危险的概率，开展户外活动和营地教育也不例外。我们不能因噎废食，避而不谈风险管理。事实上，如果小伙伴们对潜在的风险一无所知，在面临突发状况时束手无策，这才是真正的危险。

我们在进行风险管理时需要考虑可能导致风险的因素，这就好比过马路时，在遵守红绿灯交通规则的前提下，还需观察两边车辆的情况，每一次过马路我们都会根据自己的经验和能力做出不同的决定；在开展户外活动和营地教育时，情况也是如此。

➡ 风险评估

在户外活动中，潜在的风险通常由以下因素决定。

1. 人员因素。

（1）人员的安全意识。

团队中每个人都需保持足够的安全意识。

（2）团队意识。

团队中的全体成员都应承担相关义务，保护自己和他人，应避免自己的言行对他人造成危险和伤害。

（3）体力原因。

在体力消耗过度的情况下，小伙伴们有可能产生动作变形，身体不能正确完成意识的指令，从而产生危险。

（4）心理原因。

恐惧和焦虑的心理不但对解决所遇到的问题没有帮助，反而更容易让我们做出错误的判断。

（5）经验不足。

由于经验不足造成判断错误，从而导致危险。

2. 装备因素。

（1）服装装备。

因未携带足够服装或未合理搭配穿着，导致失温情况的发生。

（2）饮食装备。

由于炉具或灶具等出现问题，未能正常补充食物，导致体能下降。或由于饮用水不足，导致身体处于缺水状态。

（3）寝具装备。

由于帐篷、睡袋、防潮垫等出现问题，导致不能正常入寝，影响体能恢复。

（4）行进装备。

所穿戴的装备不能在当前环境下给予很好的防护和助力。

3. 环境因素。

（1）气候突变。

由于气候突变，所携带的装备不能正常抵御灾害环境下气候。

（2）自然灾害。

由于灾害气候、地质原因或人为因素，造成自然灾害，如雷电、泥石流、塌方、地震、火灾等。

（3）动植物伤害。

野生动物对人员造成伤害，或触碰、误食有毒的植物。

➡ 调整风险评估

无论计划有多么地周全，在户外总能遇到意想不到和无法控制的事情，因此我们需要对风险进行评估，依情况调整甚至取消计划来确保安全。若决定继续前行，团队全体成员需要进行讨论，每个成员都必须了解前方可能存在的风险。

➡ 风险应对

在户外环境下，知识、经验和装备都非常重要。

场景一：在活动开始前，小伙伴们集体正规学习了救护机构提供的急救课程，但是在出发后却发现没有人携带急救包，因此需要急救时效果大打折扣。

场景二：救援队去搜寻一支迷路的队伍，因无法确定坐标，几经周折，在耗费了大量的人力和时间后终于找到了。结果发现，迷路的队伍中有人携带了 GPS，却没有人会使用。

以上两个场景都是真实发生过的案例，小伙伴们应引以为戒。

最好的风险控制方法包括：

1. 作为个人：

（1）确保自己身体健康。

（2）对目的地和路程有所了解。

（3）确保自己选择了合适的服装，且服装状态良好。

（4）确保自己选择了合适的装备，且装备状态良好。

（5）确保自己携带了足够的食物和水。

（6）提前了解路途中最近的可救助点的地理位置。

2. 作为领队，责任重大，还需要额外做到：

（1）对路程尽可能多做了解。

（2）有丰富的装备经验及应急经验。

（3）确保携带通讯工具，且设备状态良好。

（4）确保携带救生绳索，并且会正确使用。

（5）确保携带急救包，熟悉急救流程。

（6）有较强的沟通能力和良好的领导力。

遇到自然灾害时的躲避方法

自然灾害往往是突发事件，危害也很大，但若能冷静正确地处理，往往能化险为夷。

➡ 打雷时的处理方法

1. 雷电的基本知识。

（1）雷电移动的速度很快，平均时速为每小时 50 公里，因此盲目地奔跑无济于事，最重要的是尽快找安全的地方躲避。

（2）盛夏时，雷电的音速约为每秒 350 米。如果能测量看到闪电至听到雷声之间的时间，就能预知雷电发生地的大致位置，从而推断出雷电大约到达的时间。

2. 不被雷电击中的方法。

（1）有高大树木时。尽快躲在树木旁的安全位置，切记不要躲在树木的正下方！

树木旁的安全位置如图 9-1 所示。

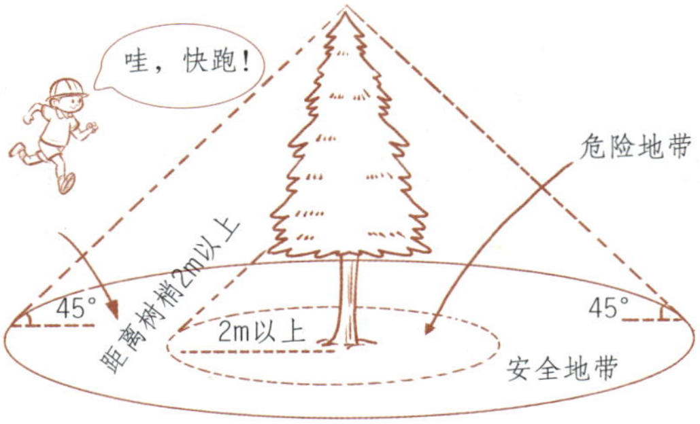

图9-1

（2）在岩壁旁时。尽快朝洞穴或岩壁凹处躲避。

图9-2

（3）附近没有可躲避的地方时。迅速远离高处，尽量将身体压低，不能打伞。

图9-3

➡ 水灾时的处理方法

当发生水灾时，首先快速向地势高且安全的地方转移，以躲避风险；当情况稳定下来后，再开展自救与救援活动。

1. 利用救生圈或木筏横渡河流。

（1）先找一条细长坚固的绳子绑住石头等重物，以投掷链球的方式将石头投向沙洲。

图9–4

（2）细绳端绑上结实可靠的粗绳。当粗绳被传递至河对岸后，用两根绳索绑住一个救生圈。

图9–5

（3）将救生圈丢入河里，当放松一边绳索时，借助河水的力量，救生圈将会飘至对岸。正确掌握方法后，救生圈可在河内多次往返。

图9–6

2. 在小河上架桥的方法。

（1）找 3—4 根长度比河面宽的粗竹绑在一起，将绑好的竹子的一端用绳索绑在河岸上的树干或岩石上，将竹子的另一端放入河流中，使其顺水飘流至对岸。

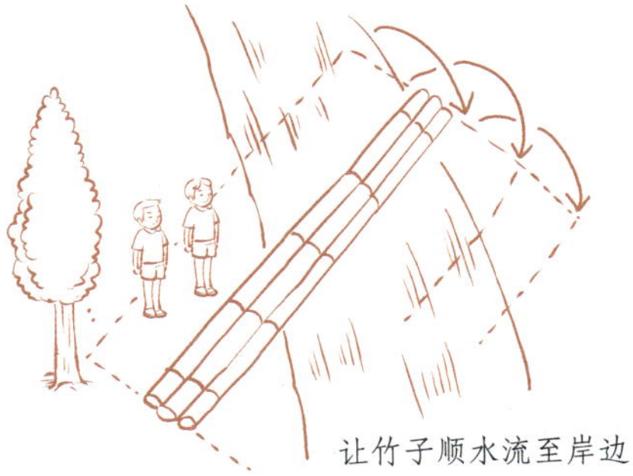

图9–7

（2）等竹子碰到岸边后，大家合力将竹子翻面，调整竹子的角度。

图9–8

（3）当竹子与河水调整至垂直角度后，即可过河。

图9-9

➡ 雪崩的预防与处理方法

1. 通过陡坡下方时。

应从外侧绕行，减少遇到雪崩的机会。需要注意的是，绕行外侧时不要超过路肩。

图9-10

2. 横越雪坡时。

由雪坡上方横越比较安全。

图9–11

3. 遇到雪崩时。

转动身体，或像游泳一样向前爬行。

图9–12

➡ 火灾时的处理方法

1. 当遇到火灾时，如果是在山区，不要向山上逃离，而是应该沿路向山下的方向撤离。因为火势向山上蔓延的速度很快，远远快于人爬山的速度，而且烟雾是向上飘散的，会容易阻碍视线，引起窒息。

图9-13

2. 如果是在平地，不要顺风逃离，而是应该沿路顺风斜向撤离。在顺风的时候，火势蔓延极快，以人奔跑的速度不可能逃离，只有尽快脱离这一区域才是上策。当然逆风逃跑更不可取，这是与火灾正面相遇。

图9-14

3. 如果在草地上，可躲在已燃烧过的区域，或是大片开阔无燃烧物的区域，如有必要，可提前制造出一片区域来。用水淋湿手绢或棉布织物，捂在口鼻上可以阻挡吸入有害的气体，避免由呼吸不畅引起窒息。如果衣物已经被点燃，应该迅速脱掉丢弃，避免烧伤皮肤和引燃头发。请注意化纤衣物要提前脱掉！

图9-15

自然环境的潜在伤害及相应的处理方法

➡ 遇到猛兽时

1. 吓退野兽。

（1）其实猛兽也害怕人类靠近。小伙伴们可以制造噪音，比如喊叫、敲击锅盆等，使野兽望而却步。

图9-16

（2）夜晚可点起篝火或火把，动物都害怕明火。

图9–17

2. 向下山方向逃跑。

赶快丢下行李背包，向下山的方向逃跑。大多数猛兽前脚较短，下坡的时候速度比较慢。

图9–18

➡ 遇到毒蛇时

1. 防备。

为了避免毒蛇攻击，宜选择皮肤不外露的宽松服装。

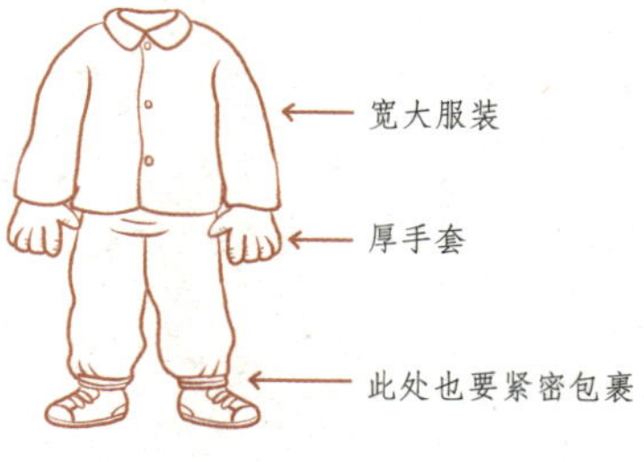

图9–19

2. 击退。

制作前面开叉的木棒，用于压住蛇头。

图9-20

3. 伤口处理。

（1）先以布条绑住伤处离心脏最近的一侧。

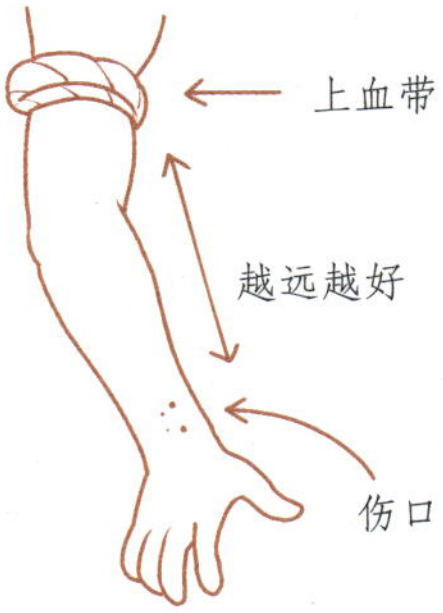

图9-21

（2）将伤口切成深1厘米左右的十字形。

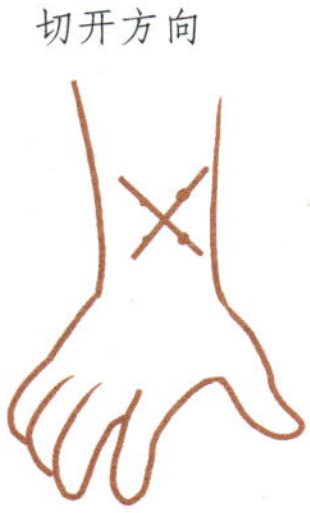

图9-22

（3）将伤口的毒液吸出。

（4）敷入茶叶后用绷带包住，茶叶中的丹宁酸①可中和毒液，尽快送往医院救治。

（5）请注意：每吸一次毒液，就要立刻吐出，然后充分漱口。有蛀牙的人不可以直接以口吸毒，因为毒液会从伤口渗入。

（6）更保险的做法是制作一个吸毒器。将一根一次性注射器的前端切除，使切除部分能充分贴合被毒蛇咬伤的伤口部分，这样就可以快速安全地吸毒了。

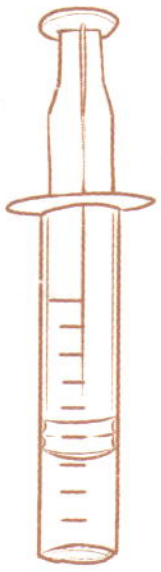

图9–23

➡ 预防植物中毒的方法

1. 安全检查。

（1）不要吃流乳白色汁液的植物，除非你十分确定是安全的（比如蒲公英）。

（2）不要吃红色的植物，除非你十分确定是安全的。

（3）不要吃任何闻起来像桃子或苦杏仁的植物，这意味着含有剧毒的氢氰酸②。

---

① 丹宁酸，别名鞣质，是一种黄色或淡棕色轻质无晶性粉末或鳞片，味极涩，是一种收敛剂，能沉淀蛋白质，与生物碱、甙及重金属等均能形成不溶性复合物。把二份活性炭、一份氧化镁和一份丹宁酸混合均匀而成的东西，称为万能解毒剂。用时可将2~3茶匙此药剂，加入一酒杯水做成糊状，即可服用。

② 氢氰酸会抑制呼吸酶，造成细胞内窒息，有剧毒。急性中毒的临床表现为患者呼出气中有明显的苦杏仁味，轻度中毒主要表现为胸闷、心悸、心率加快、头痛、恶心、呕吐、视物模糊。重度中毒主要表现呈深昏迷状态，呼吸浅快，阵发性抽搐，甚至强直性痉挛。

（4）不要吃你不能十分确定安全的植物。

2. 食物测试。

（1）压碎植物样本后闻一闻，如果闻到桃子或苦杏仁的味道，请勿食用。

图9-24

（2）将压碎的植物擦在手肘内侧，等 15 分钟，若有刺激性，请勿食用。

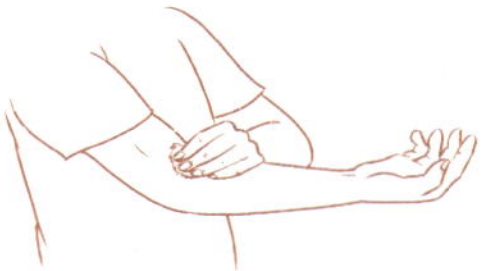

图9-25

（3）将少量样本放在嘴唇上，如有刺激性，请勿食用。

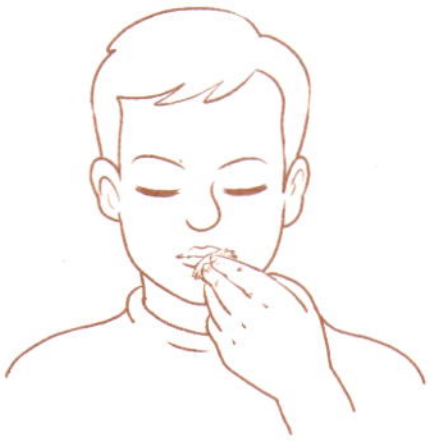

图9-26

（4）将少量样本放在舌头上，如有刺激性或味道不好，请勿食用。

图9-27

（5）咀嚼少量样本几分钟，请勿吞食，观察自己是否有不良反应，若有不良反应，请勿食用。

图9–28

（6）少量进食该种植物，等几个小时看有无不良反应。通过测试的植物，才可放心进食。

➡ 中暑、冻伤、失温的处理

1. 中暑的预防与处理。

（1）中暑的原因。

因长时间受到日光直射，或是在高温高湿环境下活动，当发汗不完全时有可能导致中暑或热衰竭。

图9–29

（2）中暑的症状。

皮肤发烫、干燥，不会出汗，瞳孔收缩，脸色赤红，脉搏快速，头昏眼花，身体发烧，可能出现头痛恶心症状，死亡率可达25%。

可将热衰竭理解为急性中暑。和一般中暑不同的是，热衰竭的症状表现为身体发冷，全身汗湿，脸色发白，体温正常或偏低，也会有头痛恶心现象。

（3）急救处理。

将中暑患者放置在阴凉处，将脸横向一侧，方便患者呕吐。将衣服脱掉，用冷水浸湿的毛巾擦拭头、胸、腋下等部位，直至患者体温降至38℃以下。

图9–30

将热衰竭患者放置在阴凉处，将脸横向一侧，方便患者呕吐。将脚抬高，解开衣服扣子，放松皮带。配置0.1%的盐水，每隔15分钟给患者喝一次。

图9–31

2. 冻伤的预防与处理。

（1）容易冻伤的部位。

眼部和耳朵，手掌与脚掌。

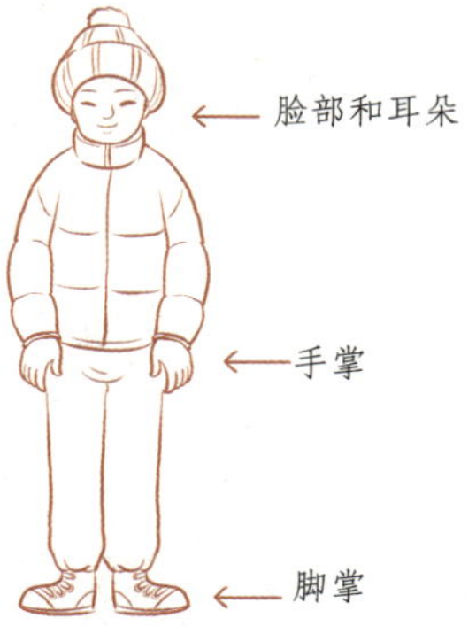

图9-32

（2）容易冻伤的原因。

当环境温度接近零度甚至低于零度时，由于保暖的服装不够，或已打湿不能正常使用，会容易导致冻伤。

（3）冻伤的症状。

① 刚开始时患部没有感觉，颜色为灰色。

② 加重时出现麻痹，开始剧痛，患部颜色为灰色。

③ 更严重时患部开始僵硬，颜色呈现为白蜡色。

（4）冻伤部位的处理。

① 手部。

将手放入口中、腋下或大腿间保温。避免摩擦皮肤，因为这样会造成冻伤处的皮肤剥落。

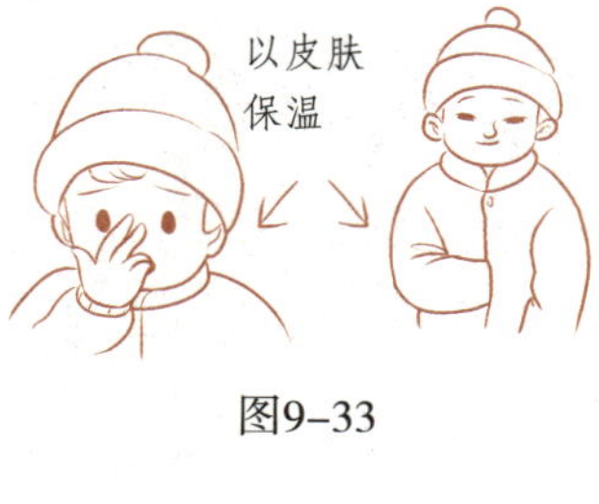

图9-33

② 脸部。

用手抓一把雪敷在患处，利用融化的雪水湿润患部。

③ 脚部。

将患部浸泡于 38℃左右的热水中 30 分钟，虽然会出现剧痛，但是却很有效果，直到皮肤不再呈现白蜡色。手部和脸部也可以这样做。

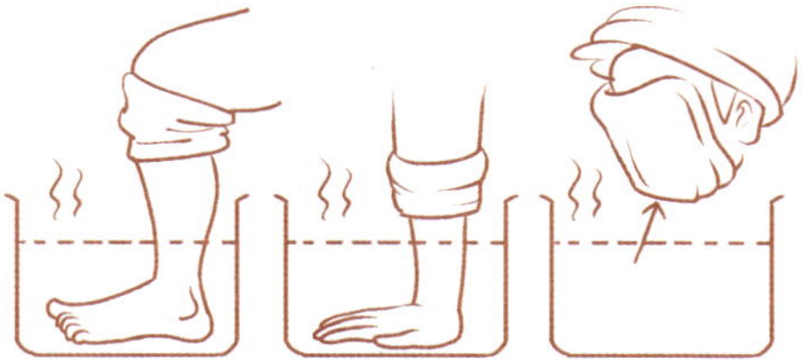

图9–34

3. 失温的预防。

（1）可怕的失温。

我们首先需要了解一下人体的热量代谢和调节机能。人体的理想温度是 37℃，当低于 37℃时，化学反应会减慢，进而抑制人体机能；当人的身体核心区——大脑和躯干内的心、肺等维持生命的主要器官，温度低于 30℃时，死亡几乎无可避免。所以，小伙伴们要极力避免出现人体热量流失大于热量补给，从而造成人体核心区温度降低情况的发生。

（2）失温的程度及体征。

① 轻度失温，核心区温度在 35℃ ~37℃。出现的体征为：外围血管收缩，不可控制地发抖，不能做复杂的动作。其中在 36℃ ~37℃时，体征正常，但可能开始发抖；在 35℃ ~36℃时，会感到冷，抖动可轻可重，手开始发僵，不能做复杂的工作。

② 中度失温，核心区温度在 33.88℃ ~35℃。此时由于身体外围的血流量不足，人会意识茫然，肌肉不协调开始明显，动作慢且看上去费劲，动作协调性开始丧失，尤其是手部，如不能够拉拉链；说话含糊，剧烈的抖动，甚至开始出现行为失常，如开始脱衣服，但自己不觉得冷。

③ 重度失温，核心区温度在 30℃ ~33.88℃，这个温度将是致命的！由于外围血流量被限制，外露的皮肤呈蓝紫色，肿胀并且发白；肌肉协调非常差，逐渐僵硬，完全不能行走；在体温 31℃左右时，身体开始进入冬眠状态，关闭几乎所有外围血液循环，并且降低呼吸和脉搏频率。

4. 失温的处理。

如果全身持续失温，需要尽快将身体热起来，喝热水是一个好方法。如果不能尽快点火来升温的话，和队友睡在同一个睡袋里，一到两个小时后身体就会变暖。

温馨提示 虽然酒精可以促进血液循环，但同时也会散发体热、消耗体力，所以在这种情况下，避免饮用酒精饮料。

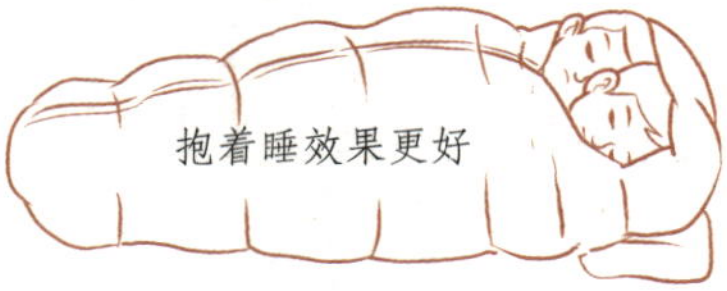

图9-35

➡ 普通外伤的急救方法

1. 异物进入眼睛。

不可揉眼睛，先试着让异物随着眼泪流出。如果不行，则以干净的水冲洗眼睛直至异物流出。请注意冲洗时不可用力过猛，以免损伤眼部黏膜。

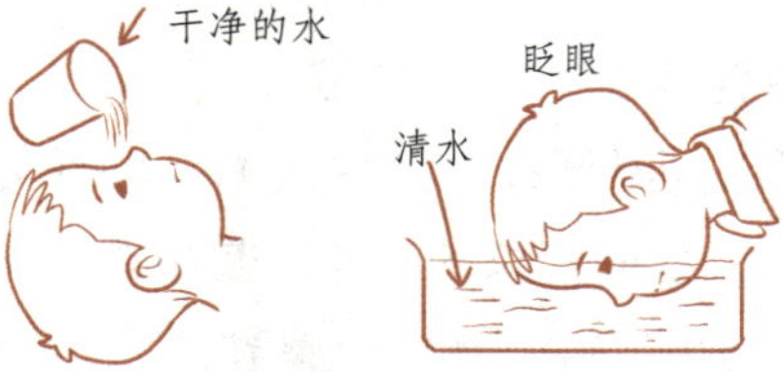

图9-36

2. 异物进入耳朵。

如果眼睛能看得见异物，可把发卡弄弯，将其小心钩出。

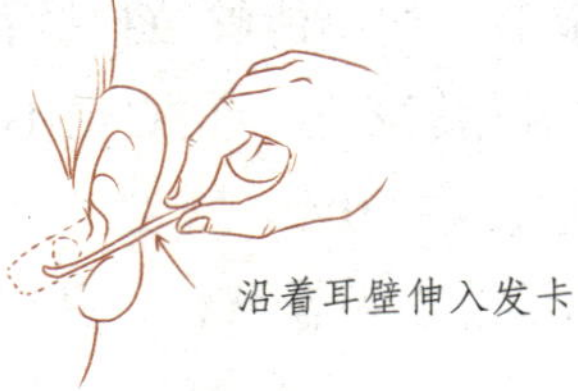

图9-37

若是小虫飞入，可用灯光将小虫引出。

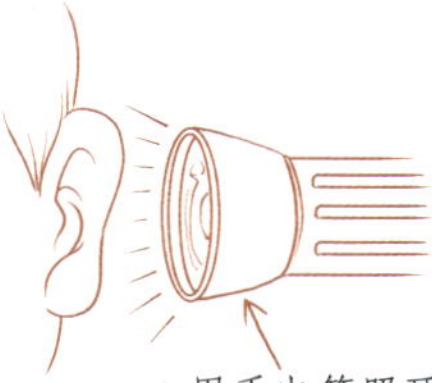

图9-38

3. 喉咙有异物。

身体向前弯曲，然后请别人用力拍打后背。

图9-39

如果自己手能够得到，将脸朝下，伸入手指取出异物。

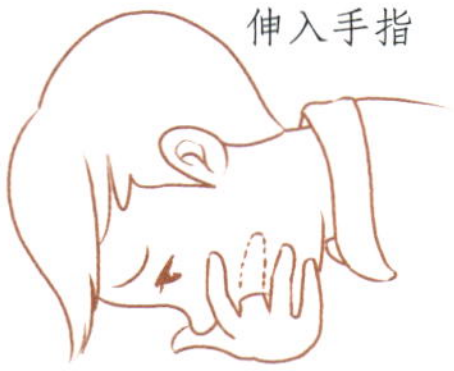

图9-40

4. 指甲脱落。

当指甲脱落时，先将伤口用清水洗净，然后用干净的纱布包住，轻轻地固定，迅速就医。

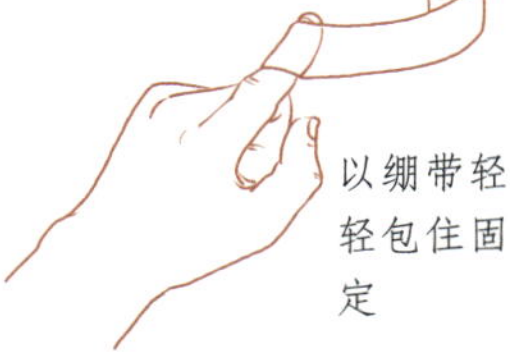

图9-41

5. 异物刺入。

用镊子将刺拔出。或是用消毒过的针，慢慢将刺剔除。

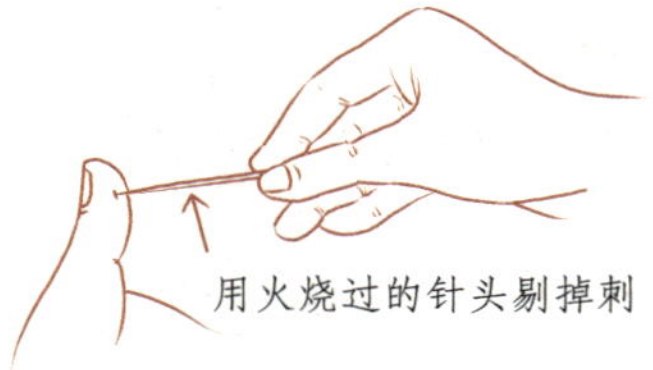

图9–42

6. 磨脚。

（1）不严重时，可先将鞋带放松，找出磨脚的原因，尽量使情况不再恶化。按摩脚部，将袜子风干，如果皮肤磨红，贴上创可贴。

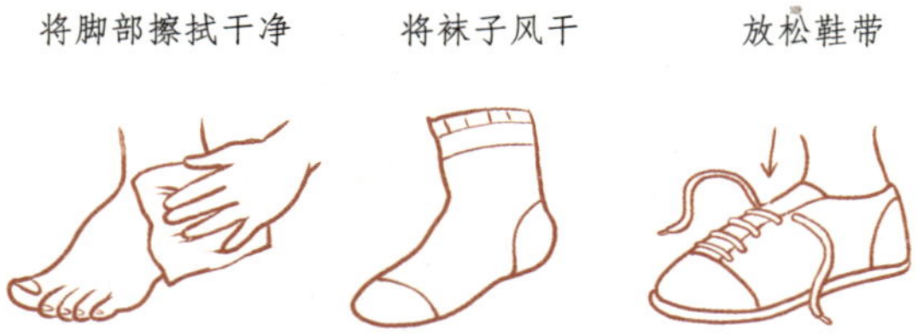

图9–43

（2）如果脚部起了水泡，先将四周的皮肤消毒，然后以烧热的针刺破水泡，将水挤出，再用无菌纱布包裹。

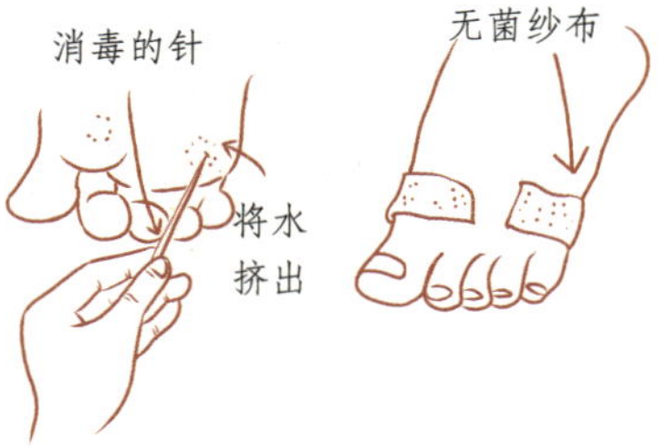

图9–44

➡ 生病时的简单急救

1. 感冒。

吃一些可以使身体温暖，容易消化的食物补充营养，注意保持充足的睡眠。如果流汗，记得换掉汗湿的内衣。若有发烧的情形，可用浸湿毛巾敷在额头上物理降温。

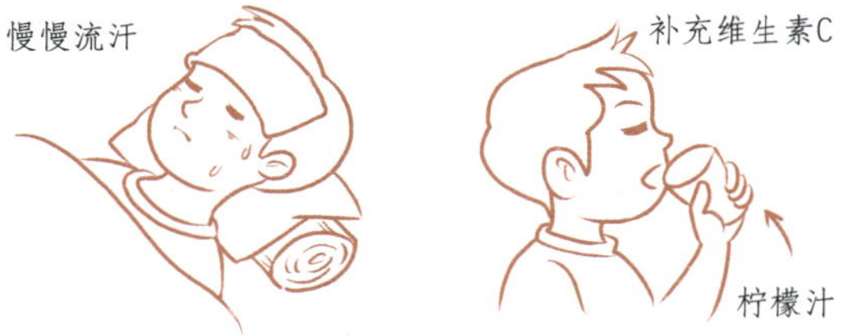

图9-45

2. 头痛。

先安静沉稳的睡上一觉，使情绪缓和下来。如果有发烧的情形，用浸湿毛巾敷在额头上降温。如果未见好转，要尽快就医。

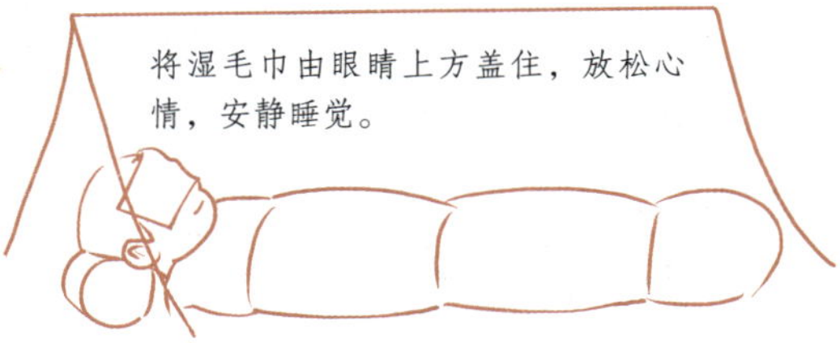

图9-46

3. 贫血。

采用头低脚高的卧姿休息，注意保暖。可以喝一些热饮，休息至脸色恢复红润为止。请注意：不可快速起床以免发生眩晕。

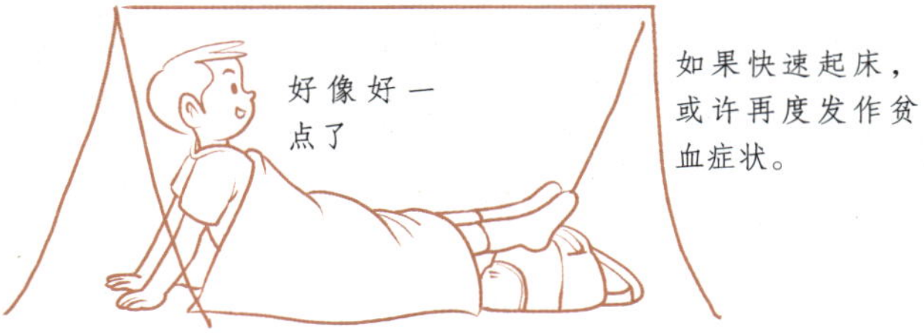

图9-47

4. 牙痛。

将牙缝中的残食剔除，用水充分漱口，保持安静。若还疼痛，可以涂抹或口服止痛药。

图9-48

5. 食物中毒。

大量喝水，然后用手指伸入喉咙深处，促使胃中食物全部呕吐出来。服用泻药，尽快将体中有毒的食物排出体外。

图9-49

6. 腹痛。

除了盲肠炎患者外（右下腹疼痛，发高烧），都可以使用温的湿毛巾敷在疼痛部位。

图9-50

7. 腹泻。

轻微腹泻时，可暂时停止进食一至两次，视情况可以吃一些清粥，需喝大量温开水，补充身体流失水分。如果伴随发烧、腹痛，则需尽快就医诊治。

图9–51

8. 便秘。

即使没有便意，也一定要养成每天早餐后排便的习惯。多吃富含高纤维的蔬菜和水果。如果便秘情形持续数日以上，可服用轻量泻药，若还是无效，则需就医诊治。

图9–52

9. 流鼻血。

将头抬高，仰躺于阴凉的地方。用沾湿的冷毛巾敷于额头下方及鼻部，将脱脂棉或柔软面纸揉成团塞于鼻孔内，安静休息。流入喉咙内的血液记得要吐掉。

图9–53

10. 起疹子。

将患部冲水，涂抹抗组胺类[①]药膏。如果疹子发痒，也不可以抓挠，以防感染恶化。如果出现红肿现象，请用湿毛巾冷敷。

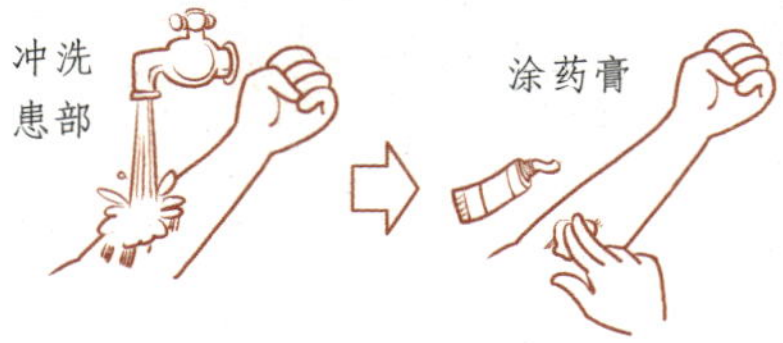

图9-54

11. 擦伤。

可用双氧水或碘伏由伤口向外画圆圈般涂抹消毒，不可强行去除伤口上的异物，以免引起大量出血。消毒后，贴上无菌纱布然后以绷带包扎。

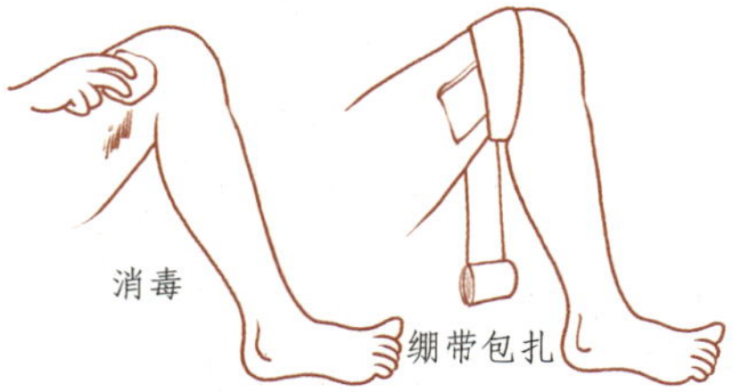

图9-55

12. 烫伤。

立刻以冷水冲20分钟—30分钟，如果是穿着衣服被烫伤，不可脱去衣服，直接在衣服上冲水冷敷。如果起水泡，不可弄破水泡，用冷水冲后，再用干净的布轻轻盖住伤口，尽快就医。

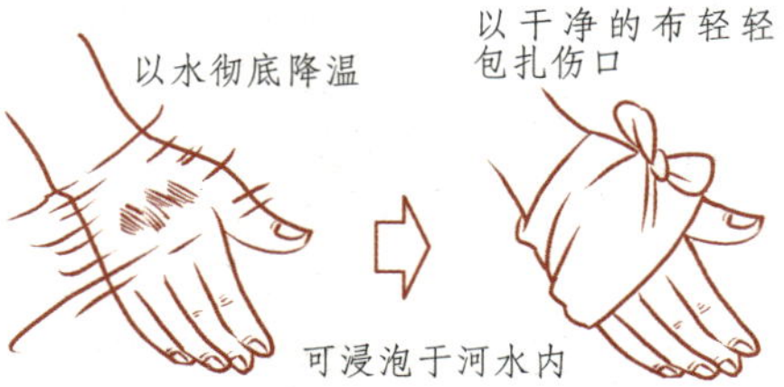

图9-56

① 抗组胺类药物常用于过敏性疾病的治疗，包括皮肤过敏及过敏性哮喘等。

➡ 使病人保持安静的做法

病人在生病时是比较难受的，如果我们能帮助病人采取正确的卧姿，这样会使他们得到较好的休息，病情也可得到缓解。

1. 脸色无异状时，可如平时一般采取仰卧的姿势。

图9-57

2. 脸色发红时，用毛毯将头部垫高。

图9-58

3. 脸色发青时，下半身要比头垫得更高，以促使血液回流。

图9-59

4. 病人想吐时，将头侧躺比较容易吐出。

图9-60

5. 还没有吐完时，可将身体整个侧躺。

图9-61

6. 意识不清时，将手垫在脸部下方。

图9-62

7. 呼吸困难时，将枕头垫在脖子下，容易使呼吸畅通。

图9-63

8. 呼吸困难且想吐时，将手置于下颚下方。

图9-64

9. 下肢出血时，将脚部抬得比心脏位置高，以免患处充血。

图9-65

➡ 骨折的固定方法

1. 手指骨折。

（1）握住圆球物后固定。

用手握住圆球物后，将手固定。可用树枝、竹子或是用报纸、杂志等卷成硬棒替代木板固定骨折部位。注意在固定板与患处之间填塞柔软物。

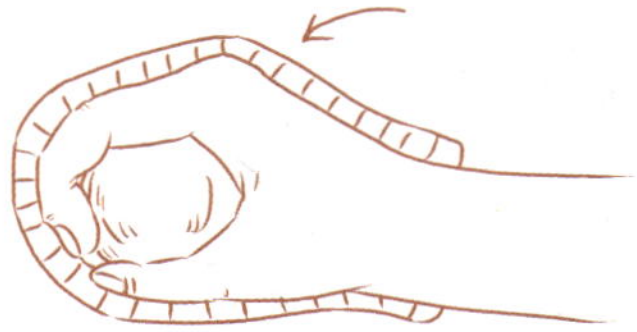

图9-66

（2）用细长物固定。

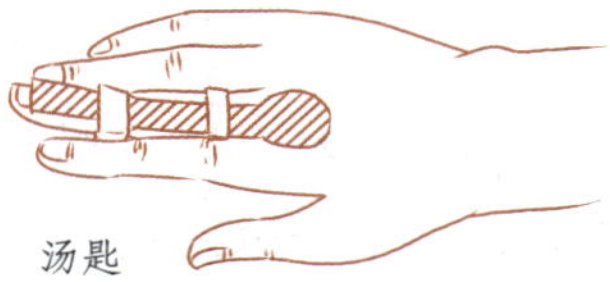

图9-67

2. 手臂骨折。

（1）上臂骨折。

① 在骨折的位置用木板上下固定。

图9-68

② 用三角巾吊起前臂并绑住上臂，以免再次受伤。

图9-69

（2）前臂骨折。

① 将手肘两侧以木板固定。

图9-70

② 用三角巾吊起手臂，同时将上臂也以三角巾绑住固定。

图9-71

3. 腿部骨折。

（1）大腿骨折。

① 由脚掌至腋下部位放置一长木板，木板与皮肤之间塞好柔软的填充物。

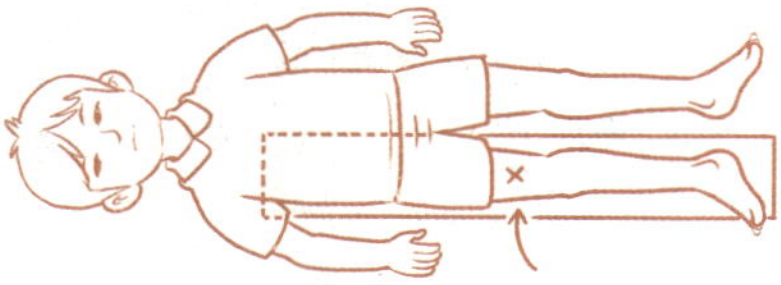

图9-72

② 用绳索或布条绑好固定。

图9-73

（2）小腿骨折。

① 腿下以木板固定，塞好填充物。

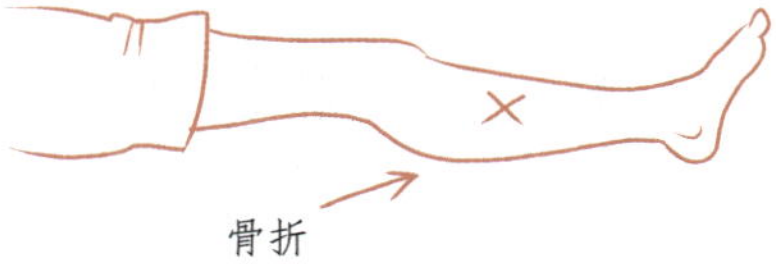

图9–74

② 绑好固定。

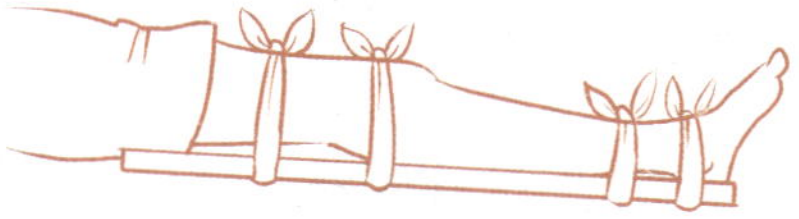

图9–75

（3）膝盖骨折。

① 将膝盖稍微弯曲，腿下以木板固定，塞好填充物。

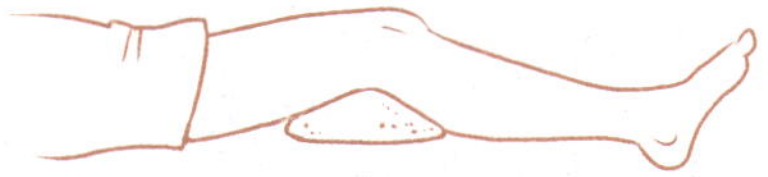

图9–76

② 绑好固定。

图9–77

止血的方法

因外伤而出血时，须采用止血法来止血。在出血情况不严重时，可用压迫法来止血。

1. 压迫法。

压迫伤口，使微血管收缩以止血。如果效果不佳，就使用指压法止血。

图9-78

2. 指压法。

用手指压住动脉止血点止血。若还是不行，就使用止血带法。

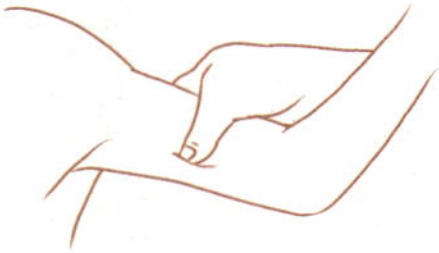

图9-79

3. 止血带法。

用棒子强力扭紧布条以止血。

图9-80

4. 人体各部位止血点。

出血部位到距离心脏最近的动脉就是所谓的止血点。

（1）太阳穴。

图9-81

（2）下颚。

图9-82

（3）喉咙。

图9–83

（4）锁骨内侧。

图9–84

（5）上臂。

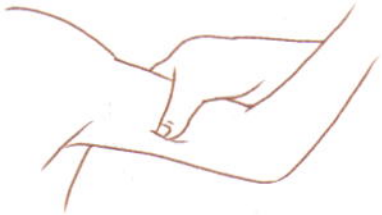

图9–85

（6）手肘内侧。

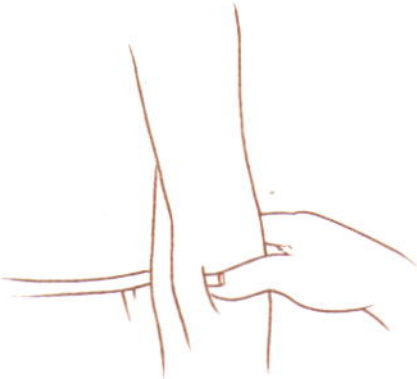

图9–86

（7）手腕。

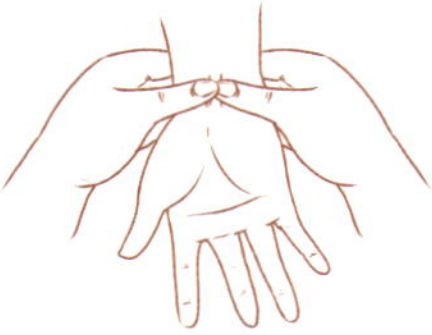

图9–87

（8）鼠蹊。[1]

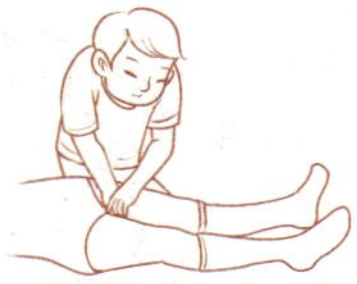

图9–88

（9）大腿内侧。

图9–89

（10）膝盖下方。

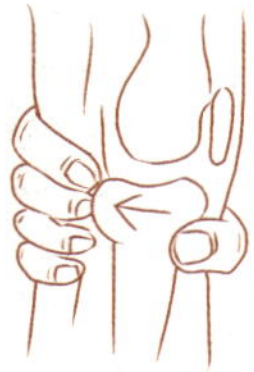

图9–90

（11）脚踝。

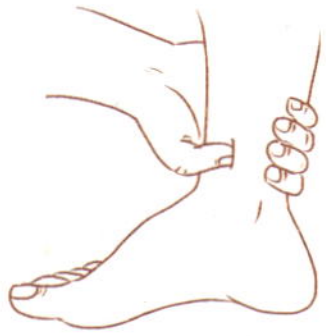

图9–91

➡ 搬运病人的方法

在寻求到专业的医疗帮助之前，如果必须移动病人，则需掌握必要的知

---

① 鼠蹊（读音为 xī），是指人体腹部连接腿部交界处的凹沟，位于大腿内侧生殖器两旁。

识，以避免因错误的做法导致病人二次受伤。

1. 一个人搬运时。

（1）后背法。

①躺在患者的下侧，抬高患者的上臂并抬高脚部。

图9–92

②将身体转至前方，背起患者。

图9–93

③一只手握住患者的手腕，另一只手撑住身体。

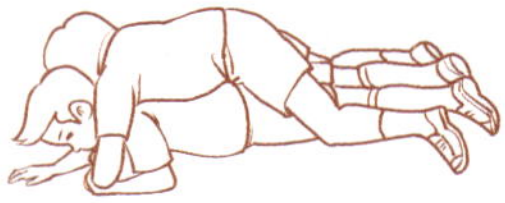

图9–94

④立起一侧膝盖，将身体撑起来；另一脚则保持身体平衡。

图9–95

⑤抬起腰，将患者背起，将患者两手抓住，以免无谓的碰撞。

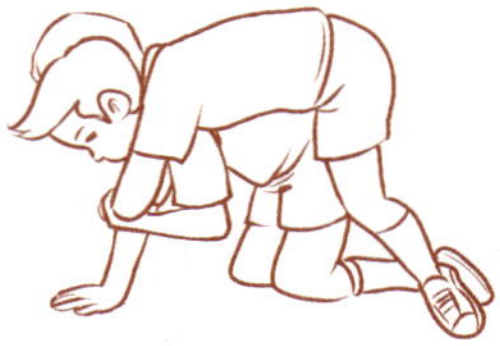

图9–96

⑥ 抱起双脚，抓住双手，就可以搬运病患了。

图9-97

⑦ 如果需要放下病患，请先将患者的上半身移至右方，脚移向左方。

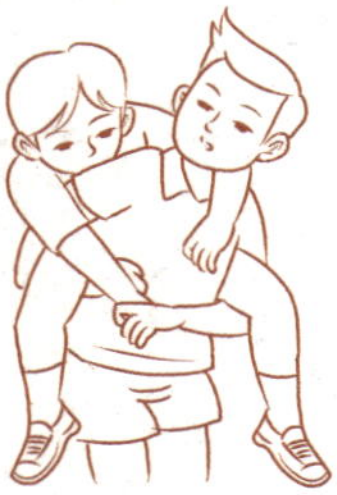

图9-98

⑧ 左手由患者膝盖后方抓住。

图9-99

⑨ 将患者的身体移往胸前方向，慢慢放下。

图9-100

⑩ 待患者屁股着地时，左手移开患者膝盖，像平常一样托住病人。

图9–101

（2）背负法。

图9–102

（3）抱起法。

图9–103

（4）两人三脚法。

图9–104

（5）消防队员法。

图9-105

温馨提示 以上所有方法需量力而行，动作要轻柔，一定要轻起轻放，以免伤到病患。

2. 两个人搬运时。

（1）抬起法。

图9-106

图9-107

（2）四手抬起法。

图9-108

图9-109

（3）三手抬起法。

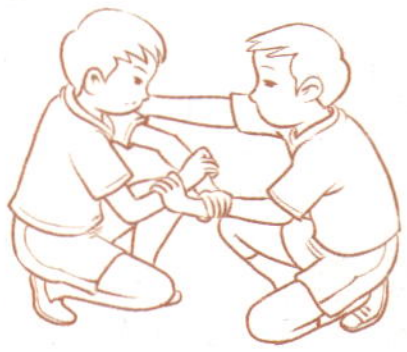

图9-110

图9-111

（4）勾肩坐式法。

图9–112

图9–113

3. 多人搬运时。

（1）一列搬运法。

图9–114

（2）两列搬运法。

图9–115

本章只是简要地谈了户外环境下面对伤病的应急处理方法，更为专业的急救手法，如人工呼吸和心肺复苏等，建议有需要的小伙伴去专业机构进行学习培训。希望大家在参加户外活动和营地教育之前掌握好相关知识，做好风险评估，预备好应急处理方案，这样在活动时才能开心从容，快乐玩耍。

后 记

应国家体育总局青少司征集“营地教育系列丛书”的邀请，本人将二十余年来在户外领域的装备知识及活动经验一一梳理，并结合多年来在营地教育领域的亲身实践，整理成篇，记录成册，写下了这本《中国营地教育完全手册》。

大力推动营地教育在中国的发展是本人多年以来的夙愿。现在城市中的孩子被呵护得太细致，像生活在温室中的花朵，没有什么机会去感受自然。他们的动手能力普遍偏弱，自立生活能力不强，由于缺乏体验，几乎不知如何应对自然环境下的气候变化。许多家长用心良苦，总是希望给孩子最好的，小心翼翼地避免他们被伤害；但是再周到的呵护也只能帮助他们安稳地度过童年和少年时光，孩子们终究会长大，迟早要靠自己的能力去撑起一片天，去开展自己的生活。书本知识的学习只能让他们增长见识，并不能让他们获得能力的提高。

能力是需要锻炼的！而良好的营地教育能给他们提供合适的环境和机会。在开展户外活动和营地教育的过程中，我带过许多来自不同家庭环境，不同教育背景，不同年龄段的孩子，我发现接受过营地教育的孩子往往生活能力更强，思考更独立，能更好地照顾自己和同伴的感受。这些孩子们中有许多人来自富裕的家庭，有很好的生活环境，然而他们却同样能很好地适应户外环境下的种种不完美，并乐于接受变化和挑战，因为热爱自然是人的天性。

感谢当代科技的迅猛发展，使得用于户外活动的服装和装备越来越精良，让孩子们在进行营地教育时的安全更有保障，也能让家长更安心地放手让孩子们去体验。感谢众多开展营地教育的同行，是大家的努力让越来越多的人意识到营地教育对于孩子健康成长的促进与助力。

感谢严欣欣先生，刘永升先生，陈西泠女士！他们提出了许多有建设性的意见和建议，使得本书的结构更为完整，内容更加丰满。感谢秦科善先生！是他无私的帮助与支持，才有了这本书的呈现。感谢范磊先生、焦黎明女士、姜华女士、谭晨女士，他们无私的付出与辛勤的工作使得这本书能尽早面市。感谢我团队的伙伴，李宇先生和贾梅女士！是他们坚定的信赖给予我勇气和信心。最后，特别感谢郝景芳女士！作为从事青少年营地教育的同行，她以无私、兼容的心态给予认同、支持与鼓励，为共同推动营地教育在中国的发展助力！这本书是我个人多年经验和积累最自然的展示，没有恢弘的布局，没有华丽的辞藻，有的只是最用心的叙述，希望它能给家长和孩子们打开一扇了解营地教育的窗口，里面的精彩篇章由你们自己去谱写体验！

2018 年 1 月 18 日